AF594922

El GPS de tus emociones

Colección Recupera tu brújula emocional

TERE DÍAZ SENDRA

El GPS de tus emociones

Navega la vida
con inteligencia emocional

DIANA

Diseño de portada: Planeta Arte & Diseño / Stephanie Iraís Landa Cruz
Imagen de portada: © Getty Images
Formación: Baya de oro

Bajo el sello editorial DIANA M.R.
Avenida Presidente Masaryk núm. 111,
Piso 2, Polanco V Sección, Miguel Hidalgo
C.P. 11560, Ciudad de México
www.planetadelibros.com.mx

Primera edición impresa en México: abril de 2026
ISBN: 978-607-39-3933-1

Impreso en los talleres de Corporación en Servicios
Integrales de Asesoría Profesional, S.A. de C.V.,
Calle E # 6, Parque Industrial
Puebla 2000, C.P. 72225, Puebla, Pue.
Impreso y hecho en México / *Printed in Mexico*

ÍNDICE

Las pasiones sobre cuyo origen uno se engaña son las que más tiranizan. Los motivos que mejor se conocen tienen mucha menos fuerza. Cuántas veces sucedía que, al creer que se experimenta sobre otros, experimentamos en realidad sobre nosotros mismos.

OSCAR WILDE,
El retrato de Dorian Gray

INTRODUCCIÓN

Enojarse es fácil, pero enojarse en la magnitud adecuada, con la persona adecuada, en el momento adecuado, por la razón adecuada, eso es cosa de sabios.

Aristóteles

A muy pocas personas se les educa emocionalmente. Si bien los motivos de esto pueden depender de factores de distinta y compleja naturaleza, un aspecto que se repite constantemente es el valor reducido que se le ha asignado en la sociedad a la dimensión afectiva, debido a que, por un lado, se considera una característica femenina –en contraste con la bien valorada racionalidad, que de forma errónea ha sido establecida como propia de los varones– o, por otro, porque es una de las tareas vitales más difíciles de conquistar. Lo que sí es un hecho es que desde la infancia nos enseñan a invisibilizar y minimizar lo que sentimos, de modo que nuestro horizonte afectivo se empobrece a medida que reprimimos y distorsionamos nuestras emociones.

En la sociedad occidental, de la que formamos parte, la noción más privilegiada de inteligencia se ha restringido a aspectos

tales como la racionalidad, el conocimiento y la lógica, mientras que su dimensión afectiva ha sido excluida como parte fundamental de su definición, me refiero a la inteligencia que se manifiesta en el reconocimiento, la comprensión, la empatía, la aceptación, así como en la expresión y el manejo adecuado de los sentimientos y las emociones.

No sobra decir que todos sentimos en mayor o menor medida, incluso las personas que se sienten y consideran «poco emocionales». Más allá de nuestras diferentes sensibilidades, tratar de negar que sentimos sería tanto vivir en medio de la confusión y la incertidumbre como andar a oscuras por la vida sin entender qué nos pasa, por qué nos pasa y cómo debemos responder a ello. Nunca somos neutros, por tenue que parezca la experiencia emocional que estemos sintiendo, de ahí la importancia de conocer el mundo afectivo, pues las emociones y los sentimientos nos aportan información de nosotros mismos, de lo que deseamos y valoramos, de lo que tememos y de lo que hemos vivido. La dimensión emocional también nos permite conocer nuestro entorno. Conocer nuestro interior y el mundo que nos rodea son cualidades que el mundo afectivo nos facilita, lo que nos permite dar respuestas oportunas a la vida y vivir en un estado de bienestar.

A lo largo de este libro encontrarás tres capítulos, cada uno con diversos subcapítulos. Si bien cada parte te puede brindar información relevante y suficiente de manera independiente, te sugiero leer el libro en orden para que asimiles mejor los contenidos y, en consecuencia, aumentes tu capacidad de reflexionar sobre tu propio mundo emocional.

En «El territorio de los afectos» –el primer capítulo, que esencialmente es informativo–, descubrirás, a través de ocho subcapítulos, en qué consiste el mundo emocional y cómo se constituye tu vida afectiva. Asimismo, reconocerás algunas de las desilusiones tempranas y otras experiencias que han ido construyendo tu estructura de carácter con sus particulares mecanismos de defensa para atenuar el dolor. Para finalizar este capítulo, describo la utilidad y la riqueza del mundo emocional en nuestra vida.

En «Eso es lo que yo siento» –el segundo capítulo, que principalmente es introspectivo–, conocerás, a través de ocho subcapítulos, las características particulares de tu mundo emocional; es decir, cómo se construyó en tu historia de vida, dependiendo de tu educación temprana, qué legados familiares aprendiste a replicar a través de los años y cómo los procesos de pérdida te generaron dolores que en la actualidad te predisponen a experimentar –de uno u otro modo– diversos sentimientos. Después, mediante la descripción del proceso emocional de distintos sentimientos –ansiedad y miedo, enojo, culpa, tristeza y depresión, y celos–, así como de sus orígenes, manifestaciones y manejos, tanto adecuados como inadecuados, te invito a reconocer tu forma de sentir, a comprender el lenguaje de las emociones a partir de tus propias experiencias y a distinguir salidas saludables en el manejo de tus reacciones emocionales. Cierro este capítulo haciendo una breve distinción entre los sentimientos normales, los anormales y los patológicos.

Finalmente, en «Mi inteligencia emocional» –el tercer capítulo, que básicamente es un conjunto de herramientas prácticas–, tras haber asimilado la lectura previa, replantearemos qué es la inteligencia emocional y cuál es su utilidad. Asimismo, encontrarás algunas claves eficaces para desarrollar una serie de habilidades intrapersonales (aquellas que dependen de la relación que estableces contigo mismo) e interpersonales (aquellas que dependen de la relación que estableces con tu entorno), esto con el objetivo de que logres trabajar con tu propia inteligencia emocional y, en consecuencia, desarrolles tu madurez afectiva. En el ámbito intrapersonal con autoconocimiento, autocontrol y automotivación y, posteriormente, en el ámbito interpersonal con comunicación auténtica y otras habilidades sociales, aprenderás –con pautas concretas y sencillas técnicas– a mantener la calma, ser resiliente, activar tus recursos de sanación, construir un proyecto de vida personal, ser empático y asertivo, seducir y persuadir; en suma, aprenderás a pertenecer de manera constructiva a los espacios y mundos a los que quieras acceder.

Nuestro recorrido culminará mostrando cómo este trabajo personal te permitirá acceder a la madurez emocional, herramienta básica para el bienestar interno y la adaptación externa. Todo con el fin de conquistar la mayor dicha posible que esta vida humana, con sus vericuetos y retos, nos permite disfrutar.

CAPÍTULO 1

EL TERRITORIO DE LOS AFECTOS

Somos peligrosos cuando no somos conscientes de nuestra responsabilidad respecto de cómo nos comportamos, pensamos y sentimos.

MARSHALL B. ROSENBERG

1.1. MI MUNDO EMOCIONAL

El mundo emocional consiste en un conjunto complejo de respuestas químicas y neuronales producidas por el cerebro –ya sea porque detecta un estímulo exterior «real» o por algún recuerdo que desencadena una emoción– con las respectivas respuestas automáticas correspondientes. En un esfuerzo por sintetizar un proceso de gran complejidad, se podría afirmar que las emociones se generan en un área muy antigua del cerebro conocida como área límbica o cerebro reptil. Esa zona contiene estructuras en las que reside nuestra capacidad emocional y tiene, a su vez, conexiones directas y profusas con la corteza cerebral, es decir, con la conciencia. Si bien el sistema límbico regula las respuestas emocionales, los aprendizajes emocionales requieren todo un cambio en los circuitos neuronales, ya que el circuito emocional es más corto que el intelectual. En otras palabras: cualquier emoción suficientemente intensa puede llegar a invadir con rapidez el mundo del intelecto. Todos hemos vivido alguna experiencia emocional que nos ha nublado de tal forma el entendimiento hasta llevarnos a hacer «razonamientos» absurdos y, en consecuencia, a realizar actos irreflexivos. Esto responde a que el camino inverso –del intelecto a las emociones– no es directo, es decir, no existen conexiones neuronales que vayan directamente allí. El estímulo debe ir primero, entre otras áreas, a la memoria para llegar, al final, al cerebro emocional, de tal modo que modificar las emociones implica un trabajo personal de cierta envergadura: no es fácil ni rápido librarse de experiencias emocionales complejas e intensas, pero no es imposible.

La primera respuesta ante cualquier estímulo será un cambio en el estado del propio cuerpo que tiene como finalidad que el organismo se oriente hacia su supervivencia y bienestar. Es por este mecanismo que podríamos decir que las emociones son como una especie de radar que capta el mundo exterior: las emociones son lo primero que impacta al cuerpo. Posteriormente, el estado emocional se extiende e intensifica a partir de los sentimientos que genera; en otras palabras, primero se desencadena una emoción y luego se propicia una acción acompañada de sentimientos. A partir de esta división, y de forma algo simplificada, podemos afirmar que las emociones pertenecen «más» al cuerpo y los sentimientos corresponden, en parte, a la mente y a los repertorios conductuales aprendidos a lo largo de toda una vida de experiencias, aunque se experimentan en el cuerpo.

Por esto debemos entender que los **sentimientos** pasan –a diferencia de las **emociones**, que son reacciones más inmediatas– por una elaboración cultural, es decir, que están mediadas por cada sistema de creencias. De ahí que, si hemos aprendido de nuestro entorno (educación familiar o escolar) que los sentimientos y emociones no deben manifestarse ni expresarse, entonces nos sentiremos vulnerables ante ellos cuando aparezcan en nosotros y en los demás, o en un ejemplo más concreto: si aprendimos que si alguien se enoja con nosotros es porque hicimos algo mal, nos sentiremos presionados de actuar «a la perfección» para que la gente no se enoje con nosotros, como si el enojo de aquel no pudiera ser independiente o desproporcionado ante la conducta de uno. Podríamos sintetizar diciendo que a todo aquello que resulta amenazante del exterior (emoción) le asignamos un significado (sentimiento). Como se puede notar, el sentimiento es una elaboración más compleja, pues está constituido a partir de diferentes momentos de un mismo conjunto: el estímulo que lo ha generado + la reacción del cuerpo + las ideas que acompañan a la reacción. Sin embargo, tanto emociones como sentimientos, aunque son procesos distintos, ocurren casi al mismo tiempo.

Una vez señalada tal distinción, a lo largo de este libro, aunque ya se ha explicado la diferencia entre emoción y sentimiento, usaremos ambos términos de manera intercambiable.

1.2. CÓMO SE GESTA NUESTRO MUNDO EMOCIONAL

Las vías a través de las cuales se gestan los sentimientos son dos: la externa y la interna. En la primera, la información es recabada *vía externa*, es decir, a partir de los sentidos, de modo que los sentimientos surgen como una especie de sexto sentido que nos permite ordenar, dar significado e interpretar lo que percibimos a través del tacto, el gusto, el olfato, la vista y el oído. La segunda, la *vía interna*, puede ocurrir por diversas vertientes:

- *La evocación de experiencias anteriores.* Rememorar las huellas que dejan en nosotros las experiencias vividas nos permite, posteriormente, darles orden a ellas y a lo que nos transmiten.

- *En respuesta a aquello que consideramos bueno o malo.* De aquí la importancia de trabajar, más que en moralismos culpógenos y distorsionados, en un justo sentido de ética que nos permita cuestionar el efecto –bueno o malo– de nuestras acciones sobre nosotros mismos y sobre los demás, además de lo que es bueno o malo para nosotros en el aquí y en el ahora.
- *A través del valor que les asignamos a nuestros deseos.* Sentir, como prerrequisito para poder comprendernos a nosotros mismos y a nuestro entorno, es desear. Sí, sentir es desear. Las emociones son hijas del deseo. Tanto es así que para algunos filósofos como Gilles Deleuze y, siglos atrás, Baruch Spinoza, la más acabada definición del ser humano es «ser deseante». Imagina a una persona que no siente. Sería alguien sin capacidad de desear y todo le daría lo mismo. Estaría desinteresada tanto del exterior como de sí misma. Desear, en el sentido extenso de la palabra, significa sentir interés, anhelo, aspiración o apetencia por conseguir algo o realizar algo. El deseo nos permite nombrar el movimiento afectivo que nos aproxima a nuestras apetencias, aspiraciones, necesidades e intereses.

En la base de cualquier sentimiento hay un **deseo:** ¿Quiero o no quiero esto? ¿Lo necesito o no lo necesito? Nos gustan alimentos, relaciones, experiencias, situaciones y viajes. Nos interesamos por estar más o menos cerca o distanciados de personas, vivencias y objetos. Buscamos, así, cómo acercarnos a lo que deseamos y alejarnos de aquello que nos desagrada o amenaza. Somos seres que necesitamos cosas materiales y psicosociales para vivir, y el deseo nos moviliza a obtenerlas. Asimismo, este deseo complejiza la realidad, pues permanentemente nos vemos en la necesidad de hacer movimientos para acercarnos a lo que deseamos o alejarnos de aquello que nos desagrada. Más aún, la vida a veces se torna contradictoria porque en ocasiones deseamos algo o a alguien (y no lo digo solo en el sentido erótico), pero no nos gusta por completo ese algo o ese alguien. He ahí la ambivalencia: ¿qué tanto y cómo tenerlo?, ¿cuánto acercarnos?, ¿cuánto distanciarnos?

1.3. SENTIMIENTOS POSITIVOS Y NEGATIVOS

Las emociones en sí mismas no son ni buenas ni malas, aunque nos hayan educado haciéndonos sentir que algo como enojarse o llorar está mal. El mundo emocional carece de connotación moral, simplemente es. Sin embargo, las emociones impulsan la acción, y las acciones sí poseen un peso ético y moral. De modo que si no manejamos bien las emociones, será difícil que actuemos de forma adecuada, pues de ello depende buena parte de nuestra reacción oportuna a lo que nos ocurre. Con base en este aprendizaje, podremos ser conscientes de lo que nos pasa, resignificar nuestro sentir y responder como es debido a lo que nos ocurre interna y externamente.

Ahora sí, y más allá de una interpretación moral, podemos decir que existen dos tipos de sentimientos: los positivos y los negativos. Los **positivos** aumentan el propio sentido de fuerza y bienestar, de plenitud, vitalidad, totalidad, confianza y esperanza. Por su parte, los sentimientos **negativos** interfieren con el placer, agotan la energía y nos dejan extenuados con un sentido de bloqueo, vacío y soledad. Con los primeros nos regocijamos, como en el caso de lograr una meta deseada, rencontrarnos con un amigo querido o entregarnos con amor a nuestra pareja. Con los segundos nos abruma el impacto del fracaso, la pérdida y otras amenazas que surgen por doquier.

Los sentimientos positivos con frecuencia se manifiestan a través de la creatividad: desde una obra de arte hasta nuevas ideas para la vida, nuevos encuentros y planes gozosos. También se traducen en actos de amor y de altruismo. Involucran no solo el placer mismo de experimentarlos, sino un sentido de renovación. Los negativos, si no los canalizamos como corresponde, se manifiestan con pasmo, frustración, agresión e incluso enfermedad. Todos experimentamos unos y otros. La diferencia es la forma en que los reconocemos, aceptamos, nombramos y manejamos.

El mundo emocional se expresa en un lenguaje propio que hay que aprender a escuchar o «saber mirar». Este lenguaje refleja nuestra historia, nuestras preocupaciones y deseos actuales, y nuestros anhelos y temores futuros. Es necesario aprender a escuchar nuestros sentimientos y reconocer la emoción que está detrás de un comportamiento, pues este es el medio a través del cual podemos entendernos a nosotros mismos. Si no logramos hacer esto, nos resultará difícil comunicarnos con los demás y movernos en la vida hacia lo que queramos lograr.

Es común, por ejemplo, vivir un «matrimonio perfecto» en el que los cónyuges son respetuosos, trabajadores, honestos, incluso, si hay hijos, buenos padres, pero al mismo tiempo alguno de los miembros de la pareja experimenta una tristeza y un desánimo constantes que pueden devenir en estados depresivos, sin identificar su causa porque todo «marcha muy bien». «¿Por qué si es buena persona, no quiero ya compartirle lo que es importante para mí? ¿A qué se debe que el sexo no me resulta atractivo? ¿Cómo es que prefiero viajar con mis amigas que con él?». Para esta persona, más allá de lo bueno, estable y conveniente de la relación, el intercambio con su pareja es pobre, no actualizado a lo que ahora se desea y se valora, poco estimulante y sin un atractivo por la interacción con su pareja. No poder reconocer e interpretar su mundo emocional la priva de información necesaria para decidir hablar con su pareja, proponer estrategias de activación de la vida en común, o bien, terminar la relación.

Las emociones y los sentimientos deben ser expresados de forma oportuna; no podemos contenerlos, pero tampoco arrojarlos impulsivamente. Contenerlos genera represión, resignación, desesperación y depresión, pero el otro extremo genera agresión e incluso destrucción. El propósito de entender y manejar los sentimientos, así como permitir su flujo natural, es que nos sintamos lo suficientemente abiertos, ligeros y libres de negatividad para construir una vida más **creativa, productiva y elevada.**

- *Creativa* porque la energía se expresa hacia afuera en forma positiva, realzando todo lo que está en contacto con nosotros.
- *Productiva* porque las energías no se drenan por la necesidad de impedir que nuestros sentimientos se expresen, pues sabemos que podemos manejar el dolor y ganamos fuerza en la expresión oportuna de nuestra emocionalidad.
- *Elevada* porque vivir así genera la sensación de libertad frente al peso de las defensas emocionales, las cuales tienen su razón de ser en el temor y el sufrimiento, pero nos impiden responder de manera adecuada a la realidad que nos cuestiona.

En definitiva, en ocasiones sufriremos. Es un proceso inevitable que nos costará energía y nos producirá dolor: el **sufrimiento** es también parte de la vida, aunque lo neguemos y rechacemos, más aún en una sociedad que nos vende «sueños» de felicidad completa y total. Por supuesto que hay sufrimiento producto de situaciones de injusticia y abuso que deben señalarse y de los que hay que liberarse, pero existen otras situaciones que son parte de la vida y que hay que manejar, como envejecer, enfermar o perder a un ser querido. Si nos permitimos vivir las etapas naturales de todo duelo, sin intentar evitar la realidad, podremos resolverlo del modo más completo. Nos recuperaremos más pronto y volverá la energía, la creatividad, la satisfacción y la productividad. De esto, entre otras cosas, trata este libro.

El pensamiento emocional no se opone al pensamiento racional; al contrario, es imposible ser racional sin ser emocional. Las emociones tienen un papel esencial en la toma de decisiones, lo importante es que estas nos conduzcan a actuar conscientemente y no a reaccionar de forma impulsiva. Además, debemos actualizar nuestro mundo afectivo: los sentimientos deben dar cuenta del presente y proporcionarnos una perspectiva personal de los hechos que estamos encarando. Esto no significa que en el presente no haya espacio para los sentimientos del pasado, sino que los sentimientos deben resultar más de lo que estamos viviendo en el presente que de los hechos no resueltos del pasado. El pasado debe ser trabajado para no quedar atrapados en él, generando mecanismos de defensa. Es común observar a personas que se comportan de forma reactiva con un jefe que puede recordarles el autoritarismo ejercido por alguno de sus progenitores, lejos de observar –más allá del estilo de liderazgo de su superior–las peticiones y sugerencias concretas que aquel les plantea, o responden tímida y temerosamente sin posibilidad alguna de entablar algún diálogo con su superior, o bien de forma desafiante y antagonista sin siquiera cuestionar la tarea planteada.

1.4. DESARROLLO VITAL Y SENTIMIENTOS

Todos sentimos **dolor** cuando sufrimos una pérdida. Si bien experimentamos muchos tipos de pérdida –desde la muerte de un ser querido, pasando por un despido laboral que no esperábamos, hasta perder un suéter que nos gustaba al dejarlo en el asiento de un transporte público–, podríamos decir que en general existen tres tipos de pérdidas que nos mueven con cierta fuerza. Aunque todos podemos sentir dichas pérdidas, dependerá de cuál etapa de nuestro desarrollo se vio más afectada en su momento para sentir una u otra con mayor intensidad.

A grandes rasgos, los **retos** a conquistar a lo largo de la vida consisten en lo siguiente: durante la primera infancia, generar vínculos seguros con los cuidadores primarios, por lo general la madre, y así desarrollar una confianza básica ante la vida y hacia las personas. Posteriormente, en la segunda infancia, se empieza a conquistar la autonomía a través del control de uno mismo y de cierto conocimiento y dominio del entorno; esto genera en el niño una experiencia de libertad y de eficacia. Y para el inicio de la adolescencia aparece la construcción de la identidad propia, incluido el ámbito sexual, cuyo objetivo es sentirse cómodo consigo mismo, disfrutar de su persona, permitirse lo que le agrada y aceptar lo que siente sin necesidad de fingir.

Con base en esta evolución, experimentamos principalmente tres pérdidas:

1. *La pérdida de alguien que nos ama, o bien, la pérdida de su amor o de nuestra sensación de ser amados.* Esta pérdida corresponde a la etapa en que se desarrolla la confianza a muy temprana edad y nos genera la experiencia de dependencia o independencia. En las experiencias primarias de la vida, antes de que aparezcan los sentimientos, el niño va identificándose a sí mismo como separado del cuidador principal y percibe el exterior como algo distinto de él. En función del papel de los adultos que lo rodean al brindarle lo que requiere para vivir, él generará confianza y seguridad en sí mismo y en su entorno si sus deseos y necesidades son satisfechas; sin embargo, si no encuentra lo que necesita, experimentará frustración constante, *desconfianza e inseguridad*. La experiencia de depender en extremo del otro, el pánico a perderlo, o bien la independencia o interdependencia

para vivir, corresponde al mayor o menor éxito en esta etapa del desarrollo. No solo las personas excesivamente dependientes tienen algún tipo de estancamiento en esta etapa, sino también las que ante el dolor al abandono o a la invisibilidad se muestran «superindependientes», careciendo de la capacidad de crear vínculos y de vulnerarse frente al afecto de los demás, y pensando que «es mejor no necesitar nada y carecer de ello que arriesgarse a perderlo».

2. ***La pérdida del propio control y con ello sentir que las cosas están fuera de nuestro rango de acción.*** Esta pérdida corresponde a una etapa posterior en la infancia, durante la cual aprendemos a sentirnos con control y libertad. En esta etapa el niño empieza a querer retener las cosas que le son placenteras o a rechazarlas si no lo son. Comienza a catalogar lo que le rodea a partir de lo que quiere y no quiere para sí, de lo que «es suyo» y de lo que quiere alejar. Si algo le gusta, entonces va a quererlo todo para él, pero rechazará lo que no le gusta, es decir, se trata de un proceso aún sin complejidad. No es extraño escuchar a una niña de tres años decir: «Mi mamá es mía». Aparecen así algunos sentimientos básicos, rudimentarios, bipolares: imperiosa aceptación de lo que le rodea o rechazo rotundo. De modo que si logra o recibe con suficiente éxito lo que requiere en esta etapa, aprenderá a sentir placer y, en caso contrario, a sentir fracaso y displacer. Comienza así la lucha por conseguir el éxito. Aprenderá a sentir aprecio o desprecio por sí mismo, impotencia si no logra lo que quiere, o bien, pena por haberlo tenido y después perdido. También experimentará enojo por no obtener lo que quiere y envidia de quien sí lo tiene. Si bien las posibilidades intermedias quedan excluidas, aparecerán muy pronto, y serán la base del sistema sentimental. Los sentimientos comenzarán a manifestarse y, junto

con ellos, la capacidad de catalogar. Más allá de «bueno y malo», se desplegarán tonalidades: cosas muy buenas, menos buenas, regulares y malas.

3. ***La pérdida de la autoestima, es decir, del sentido de valor personal y autocompetencia.*** En una etapa posterior, se forma el sentido de identidad: quiénes somos, por qué valemos y qué somos capaces de hacer con nuestros recursos. En esta etapa aparece también la conciencia corporal –soy débil, fuerte, alto, delgado– con la cual inicia la confianza o desconfianza social. La confianza social está también vinculada con las acciones –adecuadas, graciosas, inadecuadas, torpes, hábiles, cobardes– y estas ocurren con el cuerpo. Además, surge el estado de ánimo, el cual se relaciona con el sentimiento duradero que genera en la persona la convivencia con su propio cuerpo, que es la superficie donde irrumpen las emociones. Ahí radica la razón por la que todos tratamos de mejorar nuestro cuerpo (en ocasiones exacerbadamente por una presión social dominante) para la interacción social; es difícil estar alegre, simpático, cordial, generoso... desde un estado de ánimo que es resultado del odio y rechazo de uno mismo. Al integrar la corporalidad, el niño también integrará el descubrimiento de su mundo interior. La intimidad es el descubrimiento de la absoluta propiedad de sus pensamientos, fantasías e imaginaciones. En esta fase, el niño aprende a mentir con éxito, ya que descubre que puede pensar o sentir de manera distinta a lo que dice que piensa o siente, e incluso puede simularlo para no ser descubierto.

Aparecen, pues, **las cuatro estructuras que conforman el «sí mismo»** (*self*) y, en consecuencia, la base de la valoración que las personas hacen de sí mismas: la corporalidad, las actitudes, lo erótico y lo intelectual. Estas dimensiones dan cuenta de cómo nos vamos a presentar ante el mundo y a relacionarnos con los demás:

- La *corporalidad* es lo concerniente al cuerpo, entendiéndolo como vehículo a través del cual nos mostramos. Esta estructura está compuesta por tres ámbitos: el fisiológico (saludable o enfermizo), la energía (fuerte o débil) y lo estético (bello o feo).
- La *estructura actitudinal* se refiere a cómo nos enfrentamos a los demás, ya sea con ignorancia, simpatía, agresividad o bondad, etc. En el ámbito ético, esta estructura se ve reflejada en qué tanta confianza inspiramos; en cuanto a lo estético, si somos distinguidos, delicados, toscos o elegantes.
- Lo *erótico,* por su parte, es el elemento que constituye el atractivo, la sensualidad y la seducción.
- La *estructura intelectual,* a su vez, incorpora el lenguaje, el conocimiento que albergamos, así como los aprendizajes culturales. Aquí se incluye la memoria, la retención, la elocuencia y el ingenio.

Nuestro *self* comienza a constituirse por las imágenes que tenemos de nosotros mismos en cada una de las cuatro estructuras. ¿Qué imagen tengo de mí mismo?, ¿qué valor le doy a cada área?, ¿qué muestro y qué oculto? Al establecer esta organización, nuestras prioridades equivalen a un mapa personal que elaboramos a partir de lo que consideramos bueno y valioso para nosotros, y esta jerarquización dependerá de muchos factores: las experiencias sentimentales a lo largo de la vida, los valores que adoptamos de nuestro contexto, los deseos y necesidades, etc. Por tanto, este mapa es absolutamente singular.

Regresemos a los tres tipos de pérdidas que generan sufrimiento: todas tienen en común la idea inconsciente de la «obligación» de ser «perfectos». Si fracasamos en la conquista de la **confianza**, de la **libertad** o de la **autoestima**, a un nivel consciente o inconsciente, decidimos que son nuestras imperfecciones las responsables del daño. Cuando creemos que nos falta algo, sentimos que carecemos de algo o nos avergonzamos por nuestra insuficiencia, y no lo admitimos, caminamos por la vida con defensas que «tapen» cualquier «imperfección». Obviamente todos tenemos defectos y también tenemos dolores ancestrales, pero es mejor reconocerlos y encararlos que negar su existencia y así limitar nuestro existir. Al mismo tiempo, todos somos responsables de vivir mejor y tener la vida más plena posible. Aceptar esta realidad constituye un acto de liberación. Nadie más puede saber lo que sentimos ni puede hacerse responsable de nuestro propio viaje. Es una pena que nos tome tanto tiempo darnos cuenta de todo lo que podemos saber de nosotros: que somos suficientes y que siempre lo hemos sido, y así aprender simplemente a ser quienes somos; a ser, sintiendo.

1.5. LOS MECANISMOS DE DEFENSA

Las pérdidas nos generan heridas emocionales, y ante las heridas elaboramos defensas que temporalmente logran atenuar el impacto doloroso y preservar nuestra integridad psíquica, ya que su propósito es protegernos contra mayores daños, poniendo distancia y tiempo al impacto de las experiencias lastimosas. Pero cuando, pasado el tiempo, no tocamos el dolor y solo seguimos recurriendo a evasiones, a negaciones o a las palabras para describir lo que percibimos, estamos intentando, en realidad, explicar nuestros sentimientos, más que experimentarlos. A esta forma de desviar el impacto doloroso de las heridas de la vida se le llama mecanismo de defensa.

El pensamiento es una forma más indirecta de experimentar la realidad; los sentimientos nos avisan si algo nos enoja, nos duele o nos asusta, dado que el sentimiento es en sí mismo la herida. El pensamiento explica la herida, la justifica, la racionaliza y le asigna una perspectiva. No se trata de no comprender lo que nos acontece, pero también es necesario sentirlo y reconocerlo para no distorsionarlo, por un lado, y para sanarlo, por el otro.

Las personas inteligentes no siempre están en una posición de ventaja en cuanto a la comprensión de lo que sienten y al desmantelamiento de sus mecanismos de defensa. De hecho, una inteligencia superior a veces ofrece desventajas, pues nos lleva a dar rodeos lógicos y racionalizaciones que nos alejan de nuestra verdad. Una persona muy defensiva, aunque lo haga con elegancia, gracia y elocuencia, está lejos de comprenderse a sí misma. Esta estrategia permite contemplar el mundo y dar cuenta de él con «sabiduría», pero al margen de la corriente emocional y, por tanto, de la posibilidad real de cambio.

Insisto: es en la esfera intelectual donde se forman los mecanismos de defensa, se utilizan palabras y acciones generalmente inconscientes en lugar de sentimientos. Así que se construye un mundo de conceptos para evitar los sentimientos que «amenazan» con desarmarnos. El mundo es tan complejo que resulta insuficiente depender de la capacidad intelectual para conocerlo. Sin duda, hay una gran distancia entre estudiar un país en un libro de geografía y vivir en él. Los mecanismos de defensa no solo se construyen para protegernos de los embates del mundo exterior, sino para protegernos de una parte de nosotros mismos que consideramos indeseable, aquella parte «imperfecta» de nosotros sobre la que hablábamos anteriormente y que, por tanto, es necesaria para nuestro equilibrio. A través de estos mecanismos, suavizamos la intensidad de los sentimientos, lo cual distorsiona nuestra percepción de la realidad.

Si bien las defensas –como ya lo mencioné– «cuidan» las heridas de la infancia y buscan evitar que seamos lastimados de nuevo, solo al confrontar el dolor que las defensas han modificado podremos superarlo. Y es que las defensas, si bien bloquean las experiencias desagradables, también lo hacen con las agradables, y esa incapacidad de recordar lo positivo nos despoja de la energía y la alegría necesarias para vivir con optimismo. Si intentamos manejar los sentimientos a través de algún mecanismo de defensa, distorsionamos nuestra percepción de la realidad, pero no lograremos borrarla. Por ejemplo, al racionalizar excesivamente los sentimientos podemos creer haberlos eliminado; sin embargo, al no reconocer, expresar y aceptar lo que sentimos, nuestra energía comienza a disminuir y con ella también las posibilidades de acción. Para que el sentimiento de dolor desaparezca, es necesario que siga su curso natural, pues tratar de eludirlo solo prolonga sus efectos y produce síntomas que nos drenan energía. Esta represión es el origen de mucha de nuestra agresión, ansiedad y depresión. Utilizar en exceso las defensas contra todo dolor no solo genera un analfabetismo emocional y sentimental, sino que también exige el uso de tanta energía que sus efectos desgastan casi tanto como el mismo daño vivido. Esta energía drenada construye y mantiene una barrera contra la realidad. Por eso debemos aprender a establecer el equilibrio entre el dolor y las defensas a través de la experiencia; así, si deseamos evocar sentimientos del pasado y examinarlos para volver a resolverlos, podremos hacerlo.

El ideal del manejo emocional es estar libre de la necesidad de distorsionar la realidad. El poder resolver problemas emocionales a lo largo de la vida nos genera un auténtico crecimiento y desarrollo; de hecho, es inevitable que los problemas de crecimiento de la infancia, así como ciertas experiencias dolorosas de la vida, reaparezcan regularmente –de uno u otro modo– como conflictos «perpetuos» de nuestro particular existir. Todos acarreamos temas recurrentes durante nuestra existencia, ya que las experiencias vividas a lo largo de los años dejan huella. Sin embargo, dependerá del desarrollo de la madurez emocional que estos recuerdos se vayan integrando compasivamente, continúen actualizando la personalidad, y no que limiten nuestro crecimiento.

Es lógico que cuando existe la amenaza de un dolor emocional intentemos evitarlo, pero como adultos debemos distinguir si el evento causante es evitable, pues detenerlo o al menos aceptar que una amenaza real se avecina nos ayudará a estar preparados, en la medida de lo posible, para reducir su intensidad y, con ello, la herida.

Al principio tendemos a utilizar los mecanismos de defensa con descontrol; sin embargo, mientras vayamos aprendiendo a dialogar, a manejar y, en ocasiones, a tolerar el dolor tanto como nos sea posible, este irá cediendo y nosotros habremos comprendido su significado. Si bien se trata de un proceso que requiere valentía y práctica, es posible y resulta eficaz.

Los mecanismos de defensa más comunes son los siguientes:

- *Represión.* Rechazar fuera de la conciencia todo impulso, idea o sentimiento que resulta doloroso o inaceptable: si aquello llegara a la conciencia, provocaría en la persona un conflicto o una angustia demasiado perturbadora. Por ejemplo, alguien con fuertes deseos sexuales que los considera inaceptables los reprime de forma que aparece ante él mismo y los demás como una persona sin pulsiones sexuales.
- *Racionalización.* Consiste en seleccionar racional y conscientemente aquellos motivos que nos parezcan más razonables para explicar o justificar cierta conducta cuya base es un sentimiento que, al reconocerlo, resulta inaceptable o vergonzoso. El motivo está oculto a la conciencia. A través de explicaciones coherentes y racionales que evitan enfrentarse al verdadero motivo, se justifican ciertas conductas. Por ejemplo, un ladrón que explica el motivo de sus robos con argumentos racionales que justifican la acción.
- *Proyección.* Consiste en atribuir pensamientos, conductas y sentimientos propios e inaceptables a otras personas. La persona no las reconoce en ella misma y las lanza al exterior. Por ejemplo, un esposo que asegura que su esposa es una eterna insatisfecha en lugar de asumir su propia insatisfacción.

- *Negación.* Consiste en retirar de la conciencia hechos muy dolorosos y no querer aceptar que hayan sucedido. Por ejemplo, cuando fallece un familiar querido y una persona se niega a aceptar su muerte, y sigue preparándole la comida, lavándole la ropa, arreglándole el cuarto, etcétera.
- *Introyección o identificación.* Consiste en incorporar dentro de nosotros algo que en la realidad está fuera y es diferente a nosotros. Tomamos actitudes, ideas, conductas, atuendos o supuestas virtudes de otro como propias. Por ejemplo, tras el fallecimiento de una madre, la hija comienza a parecerse más a ella, a actuar igual, a vestir la misma ropa, etcétera.
- *Compensación o formación reactiva.* Consiste en el desarrollo de actitudes o conductas totalmente opuestas a aquellas que se reprimen por considerarlas inaceptables. Aparece una conducta contraria al deseo reprimido. Por ejemplo, un niño que, enfadado con su madre, puede volverse un niño muy preocupado por ella y demostrarle mucho cariño.
- *Desplazamiento.* Consiste en desplazar ciertas emociones asociadas a un objeto hacia otro que atacamos o evitamos, porque este último no nos asusta tanto como el primero. Por ejemplo, tengo sentimientos de odio hacia mi vecino, pero como no los puedo aceptar o no me atrevo a enfrentarme a él, desplazo el sentimiento hacia su perro, al cual maltrato.
- *Transformación en lo contrario.* Sucede cuando tenemos un sentimiento que se considera inadecuado y se manifiesta exteriormente como un sentimiento contrario. Hago lo contrario de lo que siento. Por ejemplo, al sentir ganas de llorar, me río exageradamente.
- *Regresión.* Consiste en regresar a periodos anteriores del desarrollo o a comportamientos y sentimientos antiguos que eran más satisfactorios. Bajo la acción de un

estrés intenso, los mecanismos de adaptación se pierden y se retoman patrones de adaptación primitivos. Por ejemplo, sentirse muy inseguro y amenazado y comenzar a chuparse el dedo.

- *Aislamiento.* Consiste en separar la emoción de un recuerdo doloroso o de un impulso amenazante: el sentimiento se aísla y no se trae a la conciencia. Al eliminar las emociones de una situación, queda en un simple relato, una simple descripción fría. Por ejemplo, cuando los soldados hablan sobre una batalla como si no hubieran estado presentes en ella.
- *Apatía.* Indiferencia ante las metas y los objetivos, adoptando conductas pasivas o de evitación debido a un conjunto de frustraciones, o por miedo. Por ejemplo, un estudiante que pierde el interés por los estudios y no estudia o los abandona porque, en principio, no quiere o no desea seguir estudiando.
- *Vuelta de los sentimientos contra sí mismo.* Sucede cuando el individuo no permite la existencia y la expresión de sentimientos hostiles hacia los demás. Entonces, los impulsos inaceptables –rabia, irritabilidad, agresión– se dirigen hacia uno mismo. Esta agresividad hacia nosotros mismos produce sentimientos de culpa o sabotajes inconscientes, como cometer errores, autolesiones, etcétera.

Mientras más sinceros seamos con respecto a lo que sentimos, más energía tendremos para resolver problemas y construir una vida más satisfactoria. El simple hecho de entrar en contacto con nuestro mundo emocional nos facilitará ser abiertos, libres y dueños de nosotros mismos.

1.6. ESTRUCTURAS EMOCIONALES

Los sentimientos reflejan nuestro desarrollo e historia, las influencias de nuestro pasado, nuestros conflictos y necesidades actuales, así como nuestro potencial futuro. Somos artífices de la forma en que percibimos la realidad, la cual se deriva de nuestras propias necesidades y aspiraciones. No hay dos personas que perciban y asimilen las cosas del mismo modo; cada experiencia es una creación singular. Aun así, con independencia de cómo reunimos los fragmentos de este mundo dentro de nuestra perspectiva, existen ciertas estructuras universales en los sentimientos que son previsibles y fáciles de comprender.

La **estructura emocional** se va construyendo a partir de las interacciones con el exterior y con la dinámica establecida con nosotros mismos. Si un conflicto se resuelve con éxito, se genera seguridad en uno mismo y en las nuevas relaciones; en caso contrario, habrá tres posibilidades:

1. La primera es *compensar* con otras relaciones que brinden más posibilidad de éxito y equilibrio.
2. La segunda es *pseudocompensar* con actitudes que escondan el fracaso; por ejemplo, un pedante, cursi, presumido o moralista que se defiende mostrando una identidad opuesta a la que se reconoce, una impostura que puede llegar a convertirse en una «segunda naturaleza».
3. La tercera posibilidad es la *autoprivación*, es decir, huir de las situaciones que puedan acentuar o exteriorizar la deficiencia que se reconoce.

De tales posibilidades se derivan las siguientes estructuras emocionales que se reflejan en el estilo de carácter:

- *Seguro y flexible.* La seguridad permite aproximarse hacia aquello que se desea sin miedo a perder el equilibrio (depresiones, fobias, ataques de pánico), aun cuando las cosas no sean tal cual uno las quiere. Facilita afrontar situaciones serias como es debido. En conjunto con la seguridad, la flexibilidad integra la posibilidad de cambiar, a través de nuevas y decisivas experiencias, las bases sobre las que se sustenta la estructura emocional. Esto facilita entender las estructuras emocionales de los demás y hacer adaptaciones necesarias para la propia expansión y crecimiento, con lo cual el individuo deviene en un adulto emocionalmente maduro.

- *Seguro y no flexible.* La rigidez es una defensa que permite a la persona sostener su sensación de seguridad. Es poco maleable para la interacción porque la vive como una amenaza a su seguridad y ante ella adopta una forma reactiva de hiperseguridad, elevándose a una posición superior a la del interlocutor. Además, se hace impermeable y poco dúctil. Se mantiene en equilibrio dejando fuera todo aquello que pueda perturbarla. No existe ansiedad ni depresión, pero sí una suerte de coraza defensiva ante los demás. La seguridad se ha construido a pesar de circunstancias adversas y ahora la defiende con la rigidez. No está dispuesta a ser cuestionada; prefiere evitar nuevas experiencias antes que permitirlo. Su sistema de valores tiende a ser rígido.
- *Inseguro y «flexible».* La flexibilidad viene de la inseguridad, por lo que, más que flexible, se trata de una persona influenciable y que está a merced de los valores de los demás, ya que de ahí obtiene cierta organización y seguridad, por eso son los demás quienes le brindan seguridad. Se trata de personas alejadas de la vida emocional adulta y madura.
- *Inseguro e inflexible.* Como la inseguridad es mayor, la persona se oculta en la terquedad. Se acoraza ante los demás para esconder su profunda inseguridad. No confía en los puntos de vista de nadie para no perder su precario equilibrio ni tener que cuestionar su jerarquía

de valores. Evita al máximo experiencias para no tener que cuestionar ni mover nada.

1.7. LA DISTORSIÓN DE LOS SENTIMIENTOS Y LOS METASENTIMIENTOS

Los mecanismos de defensa nos llevan a barnizar la realidad para «protegernos» del dolor ante sucesos que nos hieren. Pero siguiendo con la idea de que los sentimientos se elaboran culturalmente y les damos significado en relación con nuestro contexto, creencias, historias, mitos y patrones de conducta, debemos decir que todo este bagaje familiar y cultural también nos lleva a distorsionar nuestro sentir. Veamos cómo se da este fenómeno: los sentimientos, llenos de significados alterados por las defensas construidas, también actúan sobre las percepciones. Esto puede intensificar el sentido de alerta y protección innecesariamente, distorsionando el mundo que se percibe. La extrema sensación de vulnerabilidad exacerba la reacción emocional. Así, alguien que pregunta con genuina curiosidad sobre nuestro atuendo, por ejemplo, puede ser considerado por la persona como intrusivo y confianzudo.

Por otro lado, toda relación –con personas, animales, cosas o situaciones– genera sentimientos de agrado o desagrado, por elemental que parezca la experiencia. ¿Qué tipo de sentimientos se generan y para qué? La respuesta a estas interrogantes depende del significado que le asignamos a la experiencia particular. Un ejemplo interesante de los mensajes culturales que de algún modo condicionan las creencias y sentimientos es el «instinto de maternidad». Si una mujer recibe el mensaje cultural de que «se nace» con ese instinto, pero ella no desea ser madre, entonces sentirá que traiciona un mandato cultural. En consecuencia, la preocupación por «carecer de este instinto» podría causarle sentimientos de tristeza y depresión.

Por tal motivo, podemos decir que no todo lo que sentimos es efecto de la situación que nos lo provoca, sino del valor y significado que le atribuimos debido a experiencias anteriores o a la influencia del contexto en que nos encontramos. Cada uno, por su historia personal y sus creencias, desarrolla motivos particulares para desear o rechazar ciertas situaciones o cosas, y a ciertas personas. Así, por ejemplo, una película pornográfica puede generar terror, sentimientos eróticos, asco o aburrimiento.

Toda situación nos brinda pistas de los efectos emocionales que puede ocasionar en alguien; sin embargo, las situaciones nunca revelarán los motivos específicos por los que esa persona se siente de tal manera. En la medida en que vamos conociendo a las personas y su arquitectura emocional, también conocemos cierta coherencia en su repertorio emocional y en su sistema de valores. De hecho, en casos de enfermedad o patología mental, dado que hay menor flexibilidad y versatilidad en las respuestas, es más fácil predecir respuestas estereotipadas.

Por eso podemos afirmar que no existen sentimientos inmotivados. Si desconocemos de dónde provienen es por confusión o como parte de un algún mecanismo de defensa, pero lo cierto es que todo sentimiento es provocado por algo. Entonces, ¿de dónde viene el rechazo a conocer su motivación? Del temor a uno mismo, a las consecuencias de saber, a experimentar o afrontar un dolor añejo, o a tener que replantearnos nuestros valores, nuestra vida, que hasta entonces tenía cierto equilibrio. ¿Más vale malo por conocido?, ¿aun a pesar de su dolorosa aceptación? Ese malestar difuso, que se origina por el desconocimiento de su causa, permite la posibilidad de no cuestionar y no cambiar; en otras palabras, es preferible no saber en lugar de saber y desequilibrarse. En el fondo, no querer conocer los motivos es tanto como no querer conocerse a uno mismo, pues buscar este conocimiento implicaría cambiar la imagen que tenemos de nosotros mismos y, por ende, el temor a lograr el equilibrio.

Por otra parte, la conciencia, distintiva de nuestra humanidad, nos aporta la capacidad autorreflexiva de sentir a partir de lo que sentimos, a esto le llamamos **metasentimiento**. Ahora bien, lo que yo siento de mí o de los demás no ocurre únicamente mientras lo estoy sintiendo y actuando, sino también después, ya que, a causa de nuestra capacidad autorreflexiva, se generan otras experiencias emocionales en torno a los sentimientos presentes y pasados. Por ejemplo, puedo sentir envidia de mi hermana que tiene mejor empleo que yo, y al mismo tiempo generar el metasentimiento de culpa por sentir envidia de mi hermana, a quien quiero.

Los metasentimientos pueden ser útiles si nos ayudan a autorregularnos: para ofrecer disculpas o perdonar, para recuperar a quien lastimamos o para recuperarnos a nosotros mismos. Al socializar las personas empiezan a reconocer lo que deben o no sentir hacia los demás. Con esta capacidad también cuestionan lo que es o no éticamente permisible en cuanto a sus sentimientos.

Sin embargo, cuando los metasentimientos provienen de una excesiva exigencia y recriminación, generan más perturbación y bloqueo que posibilidades de reparación y cambio. A través de los metasentimientos, entonces, vamos generando una imagen de nosotros mismos; es decir, además de construir una imagen hacia afuera que mostramos a los demás, comenzamos a construir una imagen propia, íntima.

1.8. PARA QUÉ NOS SIRVEN LOS SENTIMIENTOS

> No olvidemos que las pequeñas emociones son los grandes capitanes de nuestras vidas y las obedecemos sin darnos cuenta.
>
> VINCENT VAN GOGH

Con lo dicho hasta ahora se asoma una amplia perspectiva de la utilidad de conocer y manejar los sentimientos; aun así, no sobra explicitar muchas de las funciones del mundo afectivo.

A continuación desarrollo brevemente cinco situaciones para las que los sentimientos son **útiles:**

1. *Para vincularnos.* Ya que tenemos la capacidad de sentir, nos encariñamos, nos apegamos y podemos crear lazos afectivos firmes y duraderos. Sin sentimientos no generaríamos relaciones valiosas y eficaces que nos permitan cuidar, sostener, nutrir y actualizar las relaciones importantes.
2. *Para expresarnos.* Reconocer en nosotros mismos lo que nos ocurre y poder comunicarlo a los demás. Los sentimientos no se dicen, sino que se demuestran. El lenguaje emocional es principalmente extraverbal. Hay una distancia entre lo que manifiesta el lenguaje y lo que revela la expresión. Del mismo modo, hablar sobre sentimientos incluye factores expresivos que acompañan el discurso y que pueden enriquecerlo.
3. *Para conocer.* Además de las capacidades intelectuales, las capacidades emocionales son herramientas útiles que nos permiten conocer. Además de facilitarnos el conocer nuestro entorno, también nos permiten el conocimiento de nosotros mismos: nuestro pasado, nuestros gustos, intereses, valores y dolores enquistados.
4. *Para jerarquizar nuestros valores y luchar por ellos.* A través de los sentimientos se manifiestan los intereses, así como lo que es o no valioso para nosotros y nuestra vida. Partiendo de nuestra naturaleza deseante, podríamos afirmar que los sentimientos son instrumentos a nuestro servicio, pues nos movilizan, a partir del deseo de acercarnos a lo que nos gusta y alejarnos de lo que nos desagrada. Ellos nos preparan para relacionarnos, siempre a través de la dimensión afectiva o emocional –pues incluye el agrado y el desagrado, el placer y el displacer, el gusto y el disgusto–, tanto con nosotros mismos como con personas, animales, cosas, experiencias,

etc.; en suma, con todos los elementos del mundo que habitamos.

5. *Para construir nuestra singularidad.* Además de tener que ver con la herencia genética y la educación temprana, la manera en que nos vinculamos con lo que nos interesa construye nuestra forma única y distintiva de ser. Gran parte del matiz de nuestras vivencias no solo proviene de los objetos, las personas o las situaciones en sí, sino de cómo las experimentamos, es decir, de nuestra forma de sentir. A pesar de que sobre todos nosotros recaen imperativos culturales comunes, el universo emocional de cada uno es absolutamente propio. Nuestras historias, nuestros contextos y valores nos hacen ser diferentes unos de otros. No todos sentimos igual, no asignamos valor a las mismas cosas, ni tenemos el mismo abanico de sentimientos y, precisamente, de esta diferencia emana la singularidad.

Aprender a traducir las experiencias emocionales con palabras revela que hemos desarrollado conciencia de nosotros mismos, conocimiento de nuestro sentir y manejo de las emociones. Aun así, habrá experiencias emocionales difíciles de comunicar, en cuyo caso el lenguaje no verbal será útil para expresarlas, pero con ciertos límites, puesto que ni todo es comunicable ni requiere ser siempre comunicado.

Las emociones afectan las capacidades cognitivas. En efecto, un sentimiento fuerte puede llegar a bloquear el resto de nuestras actividades, principalmente las del pensamiento. Por lo tanto, en la mayoría de los casos, una experiencia emocional intensa solo se puede describir verbalmente después de superarla. No obstante, debemos estar atentos a la descripción emocional compulsiva, pues es una señal de ansiedad que indica la necesidad de contención y ayuda profesional.

Ahora bien, **sentir** y **describir** lo que se siente es distinto de **entender** los motivos del sentimiento. Muchas veces estos motivos actualizan recuerdos o interconectan nuestra historia. No sobra decir, para comprender la complejidad de la expresión de los sentimientos, que los seres humanos habitamos simultáneamente tres esferas: la pública, la privada y la íntima. La primera es abierta y, por tanto, está a la vista de todos; en esta categoría entran los círculos laborales y sociales. La segunda solo la compartimos con pocas personas: seres queridos y allegados, familia cercana y amigos entrañables. Por último, la tercera es la esfera del «yo conmigo».

La dimensión íntima de las personas tiende a ser compleja, contradictoria, ambivalente y, hasta cierto punto, incongruente y caótica. No estamos hechos de una sola pieza, pues nuestra subjetividad está constituida por miles de facetas, deseos, matices y necesidades. Por esta razón, abrir la dimensión íntima al otro no solo es complicado, sino imposible.

Una experiencia sentimental nunca es tan común como el significado compartido de la palabra mesa, por ejemplo. Hasta cierto punto, debemos resignarnos a la hora de hablar de nuestros sentimientos, pues no podemos comunicar todo y menos aún ser entendidos completamente: la experiencia emocional total es intransferible. Por más empáticos que podamos mostrarnos unos con otros, la sutileza de la subjetividad humana nos lo impide. De ahí la necesidad, a veces compulsiva, de verbalizar lo que sentimos sin poder comprobar que nuestro interlocutor nos entiende con exactitud.

A esta **intransmisibilidad de la experiencia sentimental** le corresponden tres consecuencias:

1. Aceptar cierta incertidumbre y desarrollar confianza identificando la coherencia entre lo dicho y las expresiones no verbales para constatar la sinceridad en la comunicación.
2. Esta incertidumbre nos lleva en ocasiones a verbalizar públicamente nuestros sentimientos íntimos de forma compulsiva y siempre con cierta duda de haber sido entendidos.

3. Respecto a la comunicación de la experiencia emocional, tanto la palabra (oral o escrita) como la expresión (taquicardia, rubor en la cara, respiración agitada) ayudan, pero son insuficientes. Así que la complejidad de la vida sentimental nos obliga a incrementar el reconocimiento de nuestro repertorio para expresar sentimientos.

En suma, sentir termina siendo un requisito para poder existir en el plano psicosocial –como seres en relación– y en el plano de supervivencia biológica –como seres que buscan satisfacer sus necesidades básicas e imprescindibles–. Por eso, *no existe el estado permanente de «no-sentimiento», no podemos no sentir.* Todos sentimos, en mayor o menor medida, pero todos sentimos. Nunca somos neutros, por tenue que parezca la experiencia emocional; por el contrario, siempre vivimos en relación, en relación con nosotros mismos y, simultáneamente, con nuestro entorno.

CAPÍTULO 2

ESO ES LO QUE YO SIENTO

El cambio ocurre en la sala de calderas de nuestras emociones, así que averigua cómo encender sus fuegos.

JEFF DEWAR

2.1. MI ESTILO EMOCIONAL

Más allá de la experiencia universal de sentir, todos desarrollamos diferentes actitudes y creencias respecto al mundo afectivo. Ya hemos dicho que las emociones y los sentimientos no son buenos ni malos, sino que son una respuesta a los estímulos externos e internos y, asimismo, que para su sano manejo requieren nuestro reconocimiento, aceptación y adecuada reacción; no obstante, desde temprana edad aprendimos a hacer valoraciones sobre ellos y, con base en esa valoración, hemos construido un estilo emocional personal. Independientemente de la mucha o poca sensibilidad de cada persona, o bien, de las diferentes estructuras de carácter y sus estados de ánimo correspondientes que nos distinguen a unos de otros, todos desarrollamos un estilo emocional en función de nuestra educación, así como de lo que aprendimos que era correcto o incorrecto de acuerdo con nuestras reacciones emocionales. He insistido en que se suele pensar que ser demasiado sensible es un rasgo «femenino» o que ser emocional nos debilita y nos resta seguridad. También se albergan creencias sobre cuáles sentimientos pueden ser permisibles y cuáles inadmisibles. En algunos contextos, sentir angustia ante los problemas de los demás es una muestra de que ellos te importan y los quieres; por el contrario, mostrar serenidad ante sus conflictos implicaría ser indiferente a su sufrimiento.

¿De qué modo, a través de las generaciones, se transmiten creencias, mitos, ideas, valores, dilemas y miedos?, ¿cómo es que estos aspectos influyen en nuestra forma de sentir, responder a la vida y hacer valoraciones? Pues bien, todos venimos de una familia y –ya sea de manera explícita o en actos no deliberados– de generación en generación se nos ha transmitido casi «en automático» un cúmulo de ideas sobre la vida, las personas y las emociones. Es frecuente que ni siquiera nos demos cuenta de cuando estamos repitiendo pautas familiares ancestrales, ni que nos cuestionemos si para nosotros tiene o no sentido un determinado modo de responder. Recordemos que cada uno de nosotros proviene de una familia con la que compartió los primeros años de desarrollo, y de una familia extensa (tíos, abuelos, primos): con mayor o menor cercanía física, esas personas conformaron nuestra vida. Estos dos sistemas –**familia nuclear y familia extensa**– constituyen nuestra familia de origen, la cual nos dio el primer «mapa» con «rutas y señalamientos» para entender y transitar la vida; así, nuestro mundo afectivo adquiere muchos de sus significados a partir de ella.

Muchas veces las situaciones de vida y los retos que vivimos en el momento presente son muy distintos de los que vivieron nuestros ancestros; aun así, a menudo respondemos en automático, influenciados por una creencia, un mito, una idea, un miedo o un sueño correspondiente a alguna de las generaciones que nos precedieron. Más aún, si asumimos que el funcionamiento de los miembros de una familia puede repetirse a través de las generaciones, también podemos suponer que esto atañe al estilo emocional familiar: existen familias predominantemente miedosas, tímidas, coléricas, ligeras de carácter, ansiosas, positivas, resentidas o envidiosas.

Esta transmisión no es lineal, es decir, si un padre es depresivo, el hijo no necesariamente lo será; el rasgo puede saltar entre los distintos miembros y las distintas generaciones familiares. En gran medida, insisto, la competitividad, los celos, las envidias, la desconfianza y otros aspectos emocionales se transmiten de modo invisible entre los miembros de una familia. La fuerza del impacto de las relaciones familiares y su efecto sobre los individuos –si bien es inevitable– es sumamente difícil de medir, ya que la capacidad de autodefinirse y tomar decisiones con autonomía existe y está más allá de esta influencia intergeneracional.

Es importante destacar que, aunque muchas cosas nos puedan desagradar de nuestros familiares, tendemos a ser leales de manera consciente o inconsciente a «nuestra cuna». Los **compromisos de lealtad** en la familia son como lazos invisibles pero resistentes que mantienen unidos a sus integrantes a través de determinados tipos de interacciones y emociones.

Por consiguiente, es común que verbalmente expresemos algo y lo contradigamos con ciertas actitudes; por ejemplo, podemos decir que nuestra madre es un estorbo, que ya no la aguantamos; pero, a la vez, vemos por ella, la llamamos seguido, la visitamos, etcétera.

Es así como la lealtad y sus múltiples facetas de expresión constituyen una fuerza –a veces, saludable; a veces, no– que crea los vínculos de conexión entre generaciones pasadas y futuras, incluso cuando se nieguen o se reste importancia a estos vínculos. La tarea que debemos emprender constantemente como adultos consiste en lograr un equilibrio entre lo que elegimos y es útil de este bagaje heredado, y lo que no requerimos más.

Considerando la fuerza de estas lealtades, es posible que en intercambios laborales, amorosos o sociales se nos manifieste de manera «invisible» un vínculo generacional en el que seguimos atrapados y que nos hace sentir heridos, paralizados, encolerizados, amenazados o deprimidos, sin que la situación tenga relación con lo que ocurre en ese ámbito en la actualidad. De ahí la importancia de concientizar y resolver lo que no se pudo manejar en el pasado.

Comprender este mecanismo, diferenciarse y cambiar estos viejos modelos no es nada más un fin terapéutico, sino también la meta de vida de todo individuo que quiere conquistar la libertad y construir mejores interacciones con el mundo que le rodea. La forma en que nos contamos las historias familiares transmitidas a lo largo de las generaciones puede ser reescrita y reinventada, dándoles un nuevo significado para entender nuestro pasado de modo diferente y asumir la responsabilidad y el control sobre nuestro presente. Dicho esto, podemos empezar a reconocer nuestro estilo emocional si observamos cómo nuestros padres o cuidadores tempranos nos hicieron sentir cuando experimentábamos ciertos sentimientos y emociones. Así, la manera de vivir con respecto al mundo afectivo puede derivar en cuatro **estilos emocionales:**

Estilo evasivo

Este estilo de educación ignora las emociones «malas o negativas» de los niños. Quienes así fueron educados tienden a creer que el mejor modo de lidiar con las emociones y los sentimientos es ignorándolos, es decir, no pensando en ellos, minimizándolos o distrayéndose. Al no saber qué hacer con el mundo emocional, se pueden sentir incómodos cuando otros expresan emociones, pues piensan que las emociones negativas son dañinas o innecesarias y, por lo tanto, deben evitarse. Si así fuimos educados, es probable que hayamos aprendido lo siguiente:

- Desconfiar de nuestras emociones.
- Restar importancia a nuestras emociones y pensar que es mejor no sentirlas.
- Minimizar o invisibilizar lo que sentimos y, en consecuencia, no demostrar nuestras emociones, o bien, no compartirlas cuando nos sentimos tristes o enojados.
- Sentir inadecuación ante nuestra experiencia emocional, lo cual nos hace propensos a reprimirnos.

Estilo desaprobador

De acuerdo con este estilo de educación hay emociones «malas» que deben ser castigadas y emociones «buenas» que deben ser premiadas. Los padres desaprobadores tienen mucho en común con los padres que evaden las emociones de sus hijos; sin embargo, no solo acostumbran ignorar, negar o trivializar las emociones negativas de sus hijos, sino que las desaprueban, las critican y las castigan. Quienes así fueron educados tienden a creer que están mal por sentir lo que sienten, razón por la cual se exigen demasiado, se disciplinan en exceso y, en ocasiones, se castigan por experimentar emociones «negativas». También recurren a rígidos mecanismos de defensa para evitar sentir. Si así fuimos educados, es probable que hayamos aprendido a:

- Pensar que estamos mal por sentirnos molestos, tristes o enojados y creer, por tanto, que hay algo mal en nosotros por experimentar eso.
- Manejar con dificultad las emociones «malas», lo cual puede obstaculizarnos la autorregulación. Esto puede

llevarnos a ser muy controladores y, en ocasiones, a experimentar terribles explosiones, fuertes depresiones, o bien, malestares físicos; es decir, oscilar entre «aguantarse» y explotar.

- Desconfiar del propio juicio porque fuimos constantemente descalificados o incluso castigados por lo que sentíamos.
- Sentir dificultad para resolver problemas.
- Sentir baja autoestima por «no dar el ancho».
- Vivir bajo la ansiedad e incluso la culpa de ser buenos y correctos.

Además, todo se agudiza si, como efecto de su estilo desaprobador, que en sí mismo ya es abusivo, nuestros padres nos violentaron físicamente.

Estilo «dejar hacer»

Este estilo de educación no considera que las emociones sean malas, por lo que los padres en esta categoría aceptan la expresión emocional y «dejan ser» a sus hijos. La situación que genera dificultad es que, al acoger las manifestaciones afectivas en su totalidad, no ponen límites a las acciones que de ellas se derivan. Quienes así fueron educados, si bien no rechazan sus emociones «negativas», no saben moderar sus reacciones, pues la no interferencia de sus padres impidió que aprendieran a regularse emocionalmente y a manejar sus conductas. Experimentar las emociones es parte del rompecabezas; no obstante, hay que entenderlas y limitar ciertos comportamientos puesto que –como hemos dicho antes– no hay emociones malas, pero sí hay conductas inadecuadas e incluso destructivas.

Si así fuimos educados, es probable que tengamos dificultad para:

- Calmarnos cuando nos sentimos enojados o tristes.
- Concentrarnos y poder continuar con nuestros quehaceres y obligaciones cuando estamos atravesando algún malestar emocional.
- Cuidar nuestras reacciones y, por tanto, no afectar a otras personas.
- Posponer ciertas gratificaciones y manejar frustraciones pensando que tenemos derecho a hacer en el momento lo que requerimos para sentirnos bien.

Estilo de entrenamiento emocional

Este estilo de educación implica empatía hacia los sentimientos y proporciona orientación sobre cómo lidiar con las emociones y elegir los comportamientos derivados de ellas; esto hace sentir a los niños confortados, contenidos y valorados. Quienes así fueron educados tienden a entender, aceptar y manejar sus expresiones emocionales; se sienten cómodos expresando sus sentimientos debido a que confían en sí mismos y saben que encontrarán las herramientas para resolver sus problemas.

Si así fuimos educados, es probable que hayamos aprendido a:

- Identificar los malestares emocionales.
- Nombrar lo que sentimos.
- Respirar ante la emoción para no reaccionar impulsivamente.
- Buscar soluciones inmediatas y mediatas.
- Actuar de forma oportuna de acuerdo con la emoción y resolviendo conflictos.

Entrenarnos emocionalmente requiere esfuerzo, paciencia y constancia, y promueve un desarrollo afectivo sano que favorece la mejora de las relaciones interpersonales y el bienestar personal. Ahora sí, entraremos al recóndito mundo de diversos sentimientos para entender el contenido de cada uno de ellos.

Repertorio emocional

1. ***Alegría.*** Cuando creemos que ha ocurrido algo bueno.
2. ***Tristeza.*** Cuando creemos que ha ocurrido algo malo.
3. ***Entusiasmo.*** Cuando creemos que puede ocurrir algo bueno.
4. ***Miedo.*** Cuando creemos que puede ocurrir algo malo.
5. ***Gratitud.*** Cuando creemos que alguien se esforzó en hacer algo bueno por nosotros.
6. ***Enojo.*** Cuando creemos que alguien nos ha dañado injustamente.
7. ***Culpa.*** Se trata del enojo dirigido a nosotros mismos cuando creemos que no hemos actuado de acuerdo con nuestros valores.

A través de un trabajo personal se puede cambiar la forma de pensar y esto permite atenuar los sentimientos, las emociones y también modificar los comportamientos. No obstante, hay que saber diferenciar los valores y las creencias racionales de las irracionales para fomentar las primeras y dejar a un lado las últimas.

Los diversos modelos de comprensión psicológica basados en la aceptación y el compromiso con el sufrimiento y su inevitabilidad son un procedimiento de crecimiento personal. Este modelo no trata de eliminar lo desagradable, temible o angustioso bajo la suposición de que, si uno no es feliz, es por su culpa o por falta de empeño. Imaginemos adónde puede llevar esta posición: a ser desgraciados, sumisos o esclavos. Hemos de asumir, entonces, lo desagradable, no para entregarnos a ello como masoquistas, sino siendo realistas y, así, poder aceptarlo, atravesarlo o modificarlo.

Entremos ahora en las entrañas de la vida emocional revisando diferentes experiencias afectivas, sus causas, manifestaciones y manejo.

2.2. LA PÉRDIDA Y EL DOLOR

Empezaremos hablando de la **pérdida,** pues ella está en la base de las heridas y los dolores que la vida tarde o temprano nos depara. La pérdida también genera los mecanismos de defensa que estructuran nuestro particular estilo emocional. Las distintas respuestas a estas heridas dependen de factores genéticos, orgánicos, familiares, circunstanciales y socioculturales; de estos aspectos derivarán diversos sentimientos, unos más acentuados en nosotros que otros, pero que constituyen, todos en conjunto, la dimensión emocional.

Cuando nos sentimos dañados o lastimados solemos decir: «Me siento mal». Si bien esta expresión refleja nuestro malestar, es demasiado amplia y vaga; por ello es importante comprender mejor lo que nos está ocurriendo para poder expresarlo con mayor claridad. Como dijimos al inicio de este libro, somos «seres deseantes», una característica que nos lleva a aproximarnos a lo que deseamos y a alejarnos de lo que no queremos para nosotros. Por lo tanto, nos sentimos heridos cuando perdemos algo o cuando no conseguimos algo muy preciado. El dolor y el sentimiento de pérdida aparecen aun sin haber sido claramente conscientes de la importancia que tenía algo para nosotros hasta que llegamos a perderlo, o bien, a creer que es imposible alcanzarlo.

Esta experiencia nos hace sentir **vulnerables,** frágiles, y activa las defensas para atenuar el dolor que la pérdida provocó. Hemos dicho que las defensas tienen la función de cuidar una psique que no está preparada para determinadas heridas emocionales, sobre todo en la infancia, pero la maestría emocional apunta a aceptar nuestra vulnerabilidad, pues ella facilita nuestra adaptación a la realidad y la búsqueda de nuevos caminos de resolución. El autoengaño ante el dolor es una manera de subestimarnos y limitar las posibilidades de salir adelante.

De más está decir que si no somos vulnerables a la pérdida, nos involucramos con la vida –las personas, los logros, los fracasos– en un plano superficial y, en consecuencia, limitamos la posibilidad de formar los lazos profundos que nos permitan sentirnos conectados y motivados. El **temor de acercarnos demasiado** a los demás por miedo a ser rechazados, traicionados o abandonados nos convierte en personas defensivas, frías y distantes.

Es verdad que una estratégica distancia emocional dificulta que nos lastimen, pero también impide que experimentemos gozo: cuando ponemos una coraza a nuestros sentimientos, nos protegemos del dolor, pero también nos aislamos de la dicha. Evitar siempre la herida no solo nos incapacita para recibir placer, sino también para darlo a otros. Ambos procesos requieren la apertura, y ser abierto significa ser vulnerable. Todos hemos experimentado, en mayor o menor medida, el haber sido heridos. Muchas pérdidas obvias a los ojos de los demás, debido a las defensas que ponemos para no sufrir, son las más dolorosas y difíciles de reconocer por nosotros mismos. Descubrir lo que significa para nosotros una pérdida es el primer paso para comprender el dolor de ser heridos y la posibilidad de sobreponernos a él. Debemos entender que, a diferencia de los niños, como adultos no somos indefensos y no dependemos en su totalidad de los demás para protegernos ni para superar el dolor. De la falsa creencia de no poder solos con la vida, se construyen desastrosas y, sin duda, lastimosas relaciones de dependencia tóxica.

Para aceptar nuestra vulnerabilidad y abrirnos con ella al dolor y al gozo es importante **convencernos de la propia fuerza interior** y de la propia bondad: debemos saber que, ante lo que surja en la vida, encontraremos mejores soluciones para encararlo. A esto hay que sumar que, cualesquiera que sean nuestras limitaciones y defectos, no son únicos ni son tan distintos de los del resto. A veces por la propia vergüenza y humillación que hemos experimentado en situaciones pasadas pensamos que nuestras deficiencias son insuperables; sin embargo, cuando llegamos a compartirlas con alguien más de manera íntima, descubrimos que en realidad todos somos vulnerables ante distintas situaciones.

Para cambiar y fortalecernos es importante aceptar que podemos sentirnos **inseguros,** pero también podemos bajar la guardia y soltar el esfuerzo por ocultarlo. También es necesario entender que la imperfección es humana y que ocultar los problemas y limitaciones termina haciéndolos más evidentes ante los ojos de los demás, y menos claros y difíciles de corregir ante los nuestros. La energía que nos toma ocultar nuestras imperfecciones nos quita vitalidad para aprovechar nuestra experiencia y nuestros recursos para crecer. Reconocer las cosas que más nos hieren y cómo nos lastiman nos muestra lo que consideramos más importante, es decir, nuestros sueños, valores y más íntimos amores; entonces, reconocerlo y abrazarlo nos facilita aprender de nosotros mismos y del entorno.

El dolor duele, tal cual. Si **aceptamos nuestra vulnerabilidad** y la vivimos como prueba de que estamos abiertos y sensibles a la vida, reduciremos el esfuerzo de dar una imagen que no es la nuestra, reconoceremos lo que nos vulnera, nos comprenderemos más y tendremos la posibilidad de sobreponernos. Además, también estaremos abiertos a conectar con nuestras habilidades, capacidades, competencias y recursos para hacer de ellos nuestra mejor parte.

Quienes **fingen que todo está bien** tarde o temprano se topan con la realidad, la cual se impone inclementemente con mayores dificultades para reconstruir toda una vida. ¡Cuánta energía nos arrebata sostener una mentira!, sobre todo, una que nos decimos a nosotros mismos. Esta estrategia defensiva solo acrecienta una «bola de nieve» de falsedad que aumenta el temor a aceptar la verdad y nos obliga a seguir distorsionando la realidad; además, con frecuencia acarrea síntomas físicos, pues el dolor que ocultamos debe manifestarse de algún modo: migrañas, insomnio, miedo a las alturas o compulsiones de trabajo o de limpieza. Existen síntomas físicos y psíquicos que crecen cuando manejamos mal las emociones. Por esta razón, trabajar en ellas nos permite entender el lenguaje detrás de estos síntomas.

Hay personas que en lugar de negar los problemas y mostrarse perfectas justo hacen lo contrario: **se muestran como incompetentes,** limitadas y frágiles. Al igual que los que pretenden una falsa fuerza e invulnerabilidad, su propósito es evitar el dolor. La permanente autocrítica y muestra de inferioridad tiene como propósito no ser lastimado y atacado, neutralizando así, anticipadamente, la herida. ¿Para qué atacarlos si ya ellos mismos se degradan? Si bien esta estrategia defensiva es diferente a la de los «invulnerables», el efecto es el mismo: considerar que sus problemas no tienen remedio y no llevar a cabo el trabajo de cuestionarlos, enfrentarlos y resolverlos.

Otro estilo defensivo es aquel donde, con curiosidad, **contribuimos a que nos hieran.** Al ser heridos, probamos que nosotros no hemos cometido errores y que, por tanto, no tenemos que asumir la responsabilidad de nuestras dificultades. El tener a un «agresor» en la vida nos permite controlar su conducta y hacerlo sentir culpable y responsable de nuestros males. No hay duda de que existen relaciones de abuso en las que de ningún modo buscamos intencionalmente el dolor, sino que en verdad estamos sometidos a un intercambio injusto y abusivo; estos casos generan víctimas reales que tienen un decaimiento de fuerza o situaciones de desventaja para resistir al agresor. No obstante, como estrategia defensiva, yo me refiero en este caso a quienes prefieren, a través de un cierto **«victimismo»,** hacer que los que tengan que cambiar sean los otros sin que ellos se salgan de su incómoda y lastimosa zona de confort. Estas personas en absoluto quieren asumir responsabilidad ante su vida: si los tratas de apoyar, lo haces mal y les generas problemas; si te mantienes al margen, afirman que no te interesas por ellos. Esa posición «victimista» también es una defensa que lleva a la manipulación de los demás y a la inacción con respecto a las propias necesidades y problemas.

Es común la **negación de las heridas** ante cualquiera de estas manifestaciones de «invulnerabilidad». Toda herida no expresada deja algún dolor y, cuando este dolor se guarda, nos roba energía positiva, pues esta se utiliza para enterrarlo y contenerlo. La vida se hace menos disfrutable, los pensamientos y sentimientos se rigidizan, la concentración y la productividad se merman. Este círculo nos lleva a volvernos pesimistas, a cansarnos y a sentirnos heridos con mayor facilidad cada vez.

Además, las heridas negadas nos llevan a experimentar, de forma distorsionada, el dolor: un regalo lo podemos interpretar como un soborno en vez de como un acto de aprecio y generosidad, por ejemplo. Entramos en el terreno de la suspicacia y la sospecha. El mejor método para salir del dolor es dejarnos sentir el dolor y permitirnos, poco a poco, identificar su origen. Nada es más curativo que sufrir y llorar como es debido. Es imposible conectar con las pérdidas cuando las ponemos en otros lugares que no corresponden al dolor original.

Las heridas pueden ir desde la pérdida de un ser querido hasta el enfriamiento de una amistad, pasando por un cambio de localidad, un divorcio o una enfermedad. Cada una genera dolores distintos y requiere procesos de duelo diferentes en intensidad, duración y manejo de recuperación, pero todas necesitan pasar por ese proceso de recuperación. No sobra decir que todo proceso de duelo con frecuencia moviliza tanto duelos anteriores no resueltos como heridas pasadas que siempre dejan alguna cicatriz en nosotros, la cual se reblandece al vivir un nuevo dolor.

El proceso de duelo

Para atravesar el proceso de duelo es muy útil identificar las **cinco fases** que lo componen. Debemos mucho a la doctora Elisabeth Kübler-Ross por su excelente trabajo en esta materia, ya que ella sostiene que el duelo tiene cinco fases concretas. Expliquémoslas partiendo de un duelo por el rompimiento de una relación amorosa:

Fase 1. La primera reacción a la sensación de pérdida es la negación. La negación te lleva a afirmar: «Esto no me está pasando», «Si solo espero un rato, todo estará bien y mi pareja regresará conmigo». El impacto de la noticia y la sensación de amenaza y pérdida pueden ser tan abrumadores que tu mente te llevará a integrarlas de manera dosificada; una forma de hacerlo es decir que lo que ocurre no es verdad, que no está pasando.

Fase 2. Conforme uno empieza a aceptar poco a poco el final de la relación, se desarrolla una sensación de *enojo*. En un principio, el enojo se canaliza hacia adentro haciendo que te deprimas y luego se dirige hacia afuera contra otras personas, quizá en particular hacia el excónyuge. La expresión del enojo te hace sentir bien, pero también existe la inquietud de que, debido a una explosión incontrolada, tu ex pueda asustarse y no regresar más. Esta ambivalencia produce sentimientos de culpa y confusión. El manejo inadecuado del enojo, en general, también puede dañar otras relaciones.

Fase 3. Al empezar a enfrentar el hecho de que la relación amorosa ha terminado, pero estando aún renuente a dejarla ir, empezarás a *negociar* en tu interior. En esta fase intentas convencerte de que algo puede transformarse para continuar con la relación.

Fase 4. Esta fase consiste en *dejar ir* la relación y se asemeja en cierto sentido a la oscuridad antes del amanecer. La depresión es característica de esta etapa, pero es una depresión diferente a la del inicio. Esta fase está llena de diálogo interno acerca del significado de la vida: ¿por qué estoy aquí?, ¿cuál es el propósito de mi vida? Es un periodo de crecimiento personal que te impulsará a construir una identidad más sólida, a encontrar el propósito más profundo de tu vida y a hacer de tu propia existencia algo significativo. Algunas personas se sorprenden de sentirse de nuevo tan deprimidas, dado que ya ha pasado bastante tiempo desde que ocurrió la pérdida. Si este es tu caso, puedes sentirte frustrado por ver poco avance después de un camino tan arduo. Ser consciente de que este desaliento es normal te permitirá recorrer este periodo con menos desconcierto y desesperación: piensa que este malestar es el inicio de la verdadera aceptación.

Fase 5. Por fin llegas al momento de la *aceptación*. Aceptas con serenidad haber perdido la relación amorosa. En esta etapa empiezas a sentirte libre del dolor emocional del duelo y a vivenciar que ya no necesitas invertir tiempo ni dolores físicos y emocionales en el pasado. Una vez llegado este punto, podrás retomar tu equilibrio con una experiencia de libertad personal y con la confianza de poder reconstruir una vida plena.

El reconocimiento del proceso de duelo con sus cinco fases nos permite superar las pérdidas, sentir menor temor y ansiedad y más confianza en la posibilidad de recuperación. Saber que hay un trayecto que es necesario recorrer para sanar las heridas, pero que ya ha sido atravesado exitosamente por otros, genera cierta seguridad. Entender que cada situación de lo que poco a poco vamos experimentando es precisamente la experiencia propia de las pérdidas nos ayuda a sumergirnos en cada fase de manera propositiva y deliberada.

Si bien hemos descrito el proceso de duelo a partir de una pérdida amorosa, cualquier herida nos lleva a la pregunta: ¿qué he perdido? ¿Entendía antes de la pérdida la importancia de esto para mí? Ser capaces de aceptar la vulnerabilidad nos enfrenta a las heridas, pero también nos abre al gozo. Insisto: no podemos evitar el dolor si también deseamos experimentar la felicidad. Algunas pérdidas las sabemos y las anticipamos y, pese a ello, no dejan de doler; no estamos protegidos para otras, no las imaginamos e, incluso así, es importante reconocer la herida y lo que ella nos muestra, es decir, que aquello que perdimos era importante para nosotros. Pero ojo, no es lo mismo estar preparado y saber protegerse ante una pérdida que estar rígidamente defensivo y, por tanto, incapacitado para establecer lazos de afecto y compromisos que nos generen vulnerabilidad.

No todos experimentamos la herida del mismo modo: debemos reconocer nuestra particular manera de sentir el dolor. Algunos sienten el malestar en el estómago; otros, en el pecho. Los sentimientos tienen una representación física. La ansiedad se muestra con frecuencia en la tensión del cuello; el enojo, con dolores de cabeza. Sin hacer generalizaciones, ir detectando los síntomas de la herida en el cuerpo nos ayuda también a identificar el sentimiento que debemos abrigar. Es común que los síntomas físicos afloren antes que el dolor emocional; por ello el conocimiento de cómo reaccionamos nos será muy útil en la búsqueda de soluciones.

Vale la pena no minimizar una de las mayores pérdidas: la que nos obliga a mirar a nuestro interior para descubrir que tenemos limitaciones y deficiencias que quizá jamás hemos admitido ante nadie y menos ante nosotros mismos. Esta confrontación con uno mismo es uno de los más ricos caminos de crecimiento personal.

Quiero cerrar este tema hablando del papel que juegan las **expectativas** en las heridas. Las vidas con mayor desesperación son aquellas que carecen de sentido de realidad. Debemos ajustar nuestras aspiraciones a nuestras posibilidades reales. Esto no significa ser conformista ni derrotista, sino realista. Esperar que los demás siempre nos apoyen en todo; suponer que, cuando lo necesitemos, siempre habrá alguien

que nos ofrezca compañía y escucha; confiar en que nuestra pareja nos amará durante toda la vida puede ser –sobre todo si no advertimos los signos que los otros nos van dando– una fuente permanente de frustración y dolor. Los demás no están para cubrir nuestras expectativas, ellos tienen sus propias tareas de vida. Toda expectativa poco realista hará que los demás sientan que los usamos. No nos cerremos a las relaciones, la amistad y el amor, pero aprendamos a identificar qué es lo que cada uno puede aportar a nuestra vida y seamos generosos con lo que nosotros podemos aportar a la suya. Pero, ante todo, tratemos de no colocarnos en posiciones en las que nos hieran sin necesidad: debemos aprender a cuidarnos.

Por último, aprendamos a conocernos, expresarnos, a negociar y actualizar nuestras relaciones, así como a fortalecernos en lo profundo para poder sanar las heridas inevitables de la vida y también gozar de los inmensos regalos que nos otorga.

2.3. LA ANSIEDAD Y EL MIEDO

Vivimos en una era de cambio acelerado y de incertidumbre permanente. Las altas exigencias y la diversidad de opciones que plantea un mundo globalizado, tecnológico y digital nos imponen marchas forzadas y estados sostenidos de estrés. El imperativo de estar informados, actualizados y bien conectados genera un «coctel» que deriva en una ansiedad galopante.

La ansiedad, como emoción, es una respuesta automática de anticipación ante alguno o varios estímulos que activan un mecanismo adaptativo del organismo y lo preparan para «luchar o huir», es decir, para actuar a favor de «la sobrevivencia». Su objetivo es siempre alertarnos para defendernos de algo o alguien. En una explicación más elaborada, la ansiedad, como sentimiento, es la respuesta a estímulos internos como pensamientos, ideas e imágenes que se perciben amenazantes o peligrosos, y se acompaña de síntomas somáticos de tensión o experiencias emocionales desagradables. En su base está el temor de ser herido o de perder algo.

Como todos los sentimientos, el temor tiene la importante función de ponernos en alerta para defendernos de las amenazas del entorno que ponen en riesgo nuestro bienestar. Ignorarlo sería riesgoso. El problema es que, aun siendo imaginario, se manifiesta de la misma manera.

La ansiedad varía desde una leve aprensión por presentar un examen hasta el pánico que impide controlar incluso las funciones corporales. Entre estos dos extremos se encuentran las experiencias de miedo, irritabilidad, agitación, preocupación, impotencia, inseguridad, nerviosismo, tensión, cobardía, terror: todas ellas son grados diferentes de una sensación de incertidumbre en cuanto a la propia seguridad. Insomnio, palpitaciones, desvanecimientos, sudoración en las manos, inseguridad, falta o exceso de apetito, miedos irracionales y quedar pasmados con frecuencia son algunos de los síntomas de este malestar que, sin ser advertido, se filtra en la vida de quienes lo padecen, minando así su bienestar y eficacia.

Algunas personas piensan que sentir temor es admitir su debilidad; sin embargo, reconocer que somos vulnerables nos permite saber mucho de nosotros mismos. Si bloqueamos lo que nos pone ansiosos, lo que nos asusta, estaremos preparando nuestro camino para mayores sufrimientos. En términos generales, ¿qué es lo que más teme un ser humano? Perder la vida. Debemos tomar en cuenta que, en la base de todos los instintos, está el instinto de supervivencia. Gracias a él subsistimos y nos convertimos en la especie que somos.

En la vida diaria sentimos ansiedad, pero no siempre sabemos con claridad qué causa la angustia: ¿el Gobierno?, ¿la economía?, ¿la pérdida de un amor? Si bien en raras ocasiones nos sentimos amenazados en nuestra supervivencia inmediata, en los cimientos de la ansiedad siempre está el temor por nuestra «seguridad y certeza a largo plazo». Cuando estamos ansiosos, lo primero que experimentamos es inseguridad, agitación e inestabilidad: una sensación que nos alerta de que algo malo nos puede suceder. Si la amenaza puede ser sorteada, fin del problema: no se necesita utilizar la negación. No obstante, cuando en realidad estamos en peligro, es necesario saberlo y manejarnos como es correcto.

Existen diferentes perfiles de personas ansiosas. Explicaré algunos de ellos. La gente muy dependiente –emocional, social o económicamente– se siente ansiosa con frecuencia. Para alguien así, perder a la persona que brinda esa contención sería catastrófico, dado que no ha desarrollado los recursos emocionales, sociales o económicos para salir adelante sin ese otro. De ahí la importancia de trabajar en la autonomía y en la seguridad propia.

También hay gente que teme perder el control. Quienes más le temen a esto son las personas que se muestran en control de todo siempre: controlan lo más que pueden, ya sea el dinero, el orden, las rutinas y, obviamente, a las personas. Llegar a conocer la herida que las mueve les permitiría entender qué es lo que las hace sentirse fuera de control. Cuando experimentamos un sentimiento sin ocultarlo, se disipa más pronto y nos consume menos.

La pérdida de la autoestima también provoca ansiedad, el miedo al fracaso, a ser descubierto como alguien sin valor, el miedo al ridículo, a no pertenecer. Aunque vivir así impulsa a mostrarse en exceso competitivo, lo que en realidad se está experimentando es una profunda inseguridad. En el otro extremo, la falta de vida personal también lleva a la gente a pasmarse y a evitar actuar para no cometer errores.

La ansiedad se asocia a diferentes factores:

- *Genético.* Algunas personas tienen cierta predisposición genética a la ansiedad. Todos nacemos con una carga genética que nos condiciona, pero no nos determina.

- *Neurobiológico.* Se trata de áreas del cerebro con alguna alteración eléctrica o química que predispone a la ansiedad.
- *Psicológico.* Experiencias de la vida –infantiles o de etapas posteriores– que dejan huella en la psique.
- *Circunstancial.* Situaciones –ya sean familiares, sociales o laborales– que están ocurriendo y que son amenazadoras.

He referido que el miedo es primo hermano de la ansiedad. Se interpreta erróneamente que el miedo es sinónimo de cobardía y, por tanto, que debe eliminarse por todos los medios. Sin embargo, con frecuencia el miedo que experimentamos nos muestra la desproporción entre la amenaza que enfrentamos y los recursos que tenemos para resolverla. Ya sea de forma física o emocional, el miedo no es en sí mismo el problema, el miedo nos indica que estamos ante un problema. Hacer del miedo el problema en sí y asumirnos como cobardes y débiles genera, entonces sí, más conflicto. Por tanto, aprovechemos el temor para resolver la situación que se nos está presentando, pero primero reconozcamos las señales que nos envía para no confundirnos.

Si bien todas las personas poseemos diferentes recursos para enfrentar las amenazas que se nos presentan, todas nos sentiríamos atemorizadas si la amenaza superara nuestros recursos para afrontarla. Por esta razón no podemos utilizar el adjetivo «cobarde» ante cualquier suceso, sino tras considerar la relación entre la amenaza y los recursos reales que se poseen para sortear el desafío. Es importante comprender esto, porque ser tachado de miedoso y quedar injustamente estigmatizado perturba la forma como uno se relaciona consigo mismo y con los demás. Esto puede derivar en una parálisis que nos impida responder a lo que nos acontece, o bien, en una acción temeraria y riesgosa –por supuesto, innecesaria– que puede acabar estrellándonos con más heridas que logros.

Entonces, no basta con tener los recursos para enfrentar los retos que nos atemorizan, es necesario saber que contamos con ellos, y esto por lo general se hace mediante acciones concretas con las cuales nos probamos a nosotros mismos que sí podemos atravesar oportunamente los temores. No hay miedos injustificados, todo miedo nos enfrenta a un significado que debemos desentrañar. Las partes miedosas se calman cuando las escuchamos con respeto, por eso podemos ir enlazando nuestros recursos ante la amenaza y actuando con más tranquilidad y confianza paso a paso. Sería un gran logro pasar del miedo disfuncional, que bloquea la posibilidad de experimentar, al miedo funcional, cuando la angustia se usa para equilibrar la desproporción entre la amenaza y los recursos disponibles.

Dar los primeros pasos tiende a depender de cómo fuimos tratados en la infancia: si se nos catalogó como cobardes y débiles, e incluso se nos castigó por ello, es probable que aún en la adultez carguemos con un evaluador interior que reacciona con temor porque considera que no podremos con la tarea o con el reto.

Ahora bien, si escuchamos y respetamos lo que el miedo nos indica, esto no implica que consintamos en todo lo que él nos dice. Escucharlo implica reconocer su existencia e intentar conocerlo lo mejor posible –nos guste o no–. Respetarlo consiste en aceptarlo sabiendo que de él vendrá información necesaria para encontrar soluciones. Un afrontamiento de este tipo activa una actitud de confianza y disposición al cambio. Como con cualquier sentimiento, acceder al miedo, vivirlo y aprender de él transforma el padecimiento en acción virtuosa.

Cómo mantener a raya la ansiedad

Existen tres elementos que resultan de vital importancia para este objetivo:

1. *Desarrollar la confianza en uno mismo.* La confianza crece y se consolida al reconocer nuestras competencias y utilizarlas. Si revisamos los retos que ya hemos superado a lo largo de la vida, nos daremos cuenta de que somos buenos para diversas cosas, que poseemos habilidades y capacidades importantes, y que gracias a ellas hemos salido airosos de algunas circunstancias adversas, por pequeñas que hoy nos parezcan. Apropiarnos de estos logros refuerza la experiencia de agencia personal: «Soy bueno y puedo lograr cosas».

   Las competencias reconocidas se pueden fortalecer y potenciar a través de pequeñas acciones que nos permitan seguir ejercitándolas e incluso desplegando otras nuevas: hacer una llamada para consultar algo, completar un nuevo curso y realizar alguna lectura pueden ser herramientas de perfeccionamiento. Las metas a corto plazo y de baja dificultad son óptimas puertas de entrada para este ejercicio, puesto que no admiten grandes excusas y van creando hábitos nuevos y enriquecedores. El cerebro es tan plástico que las pequeñas acciones sostenidas en el tiempo crean nuevas conexiones neuronales, las cuales confirman la idea de que somos capaces, ¡porque lo somos!

   La autoestima es, al final, un trabajo de conciencia, de responsabilidad sobre la propia vida, de asertividad, de integridad y de propósito. Haz de tu mejor parte tu mayor parte.
2. *Aprender a gestionar todo tu mundo emocional.* Sabemos que no es una tarea fácil, pero es esencial. Manejar la presión, la ansiedad y el miedo es una habilidad que se puede adquirir. Entender el sentimiento o metasentimiento que está detrás de la ansiedad es de gran importancia. ¿Estoy enojado porque no quiero hacer algo? ¿Le temo a tal persona porque es agresiva? ¿Estoy cansado y esto me supera?

3. *Manejo del estrés.* El estrés es la respuesta del organismo a la anticipación del futuro imaginado como amenazante. Esto nos regresa de nuevo a la importancia de centrarse en el presente y mirar los logros que se espera conseguir en el futuro, favoreciendo el sentimiento que generará la sensación de éxito. El poder vivenciar anticipadamente el logro no solo favorece la motivación, sino que al mismo tiempo activa una química corporal que genera bienestar y un sentimiento positivo. De nada sirve rumiar los errores pasados, pero sí distinguir aquello que se puede controlar y aquello que no. Esta distinción ayuda a dejar de lado lo que está fuera de nuestro control e implicarnos en los factores que podemos manejar mejor. Por ejemplo, prepararse antes de una presentación en el trabajo organizando con anticipación lo que se va a exponer, teniendo información actualizada, probando el material que se va a utilizar, durmiendo bien la noche anterior y siendo puntuales el día de la reunión. Fuera de tu control estará la asistencia de todos los participantes esperados, el buen o mal humor del jefe o el repentino corte del servicio de energía eléctrica.

Técnicas para echarnos la mano

1. *Dejar de sobrepensar.* Es importante frenar las ideas negativas que irrumpen en el cerebro y detienen nuestro avance: «No puedo», «Me falta tiempo», «Con esto no mejoraré». ¿Cómo cesan estas creencias erróneas? ¡Poniéndoles un alto! No evites el pensamiento, es imposible, pero entra y sal de él: distráete y repite: «Esto que me digo es una creencia equivocada». Cambia de posición o de actividad.
2. *Aprender a respirar y relajarte.* Ambas actividades son tan poderosas como un fármaco, aunque algo más trabajosas.

Aprende a respirar, a relajarte y a concentrarte. Respirar profunda, sostenida y pausadamente obliga a bajar el ritmo cardiaco y, por tanto, a detener la ansiedad y el miedo.

3. *Hacer ejercicio u otra práctica que incluya mente y cuerpo.* La actividad física es un hábito fundamental que, además de aportar vitalidad, te ayudará a relajarte.
4. *Reconocer el pensamiento que está atrás de la ansiedad.* Es importante erradicar la distorsión cognitiva que detona la ansiedad; por ejemplo, pensar que todos los jefes tienen que ser de carácter fuerte y pueden explotar podría generar una reacción ansiosa que no corresponde con lo que está ocurriendo en una sala de juntas.
5. *Hábitos de sueño.* Algunas sugerencias son desactivar la tecnología que «acelera» antes de meterse a la cama, procurar dormir y despertar a horas similares, evitar bebidas alcohólicas y con cafeína un poco antes de dormir, hacer una pequeña rutina de relajación antes de la hora de dormir, así como desarrollar un hábito de entre veinte y treinta minutos de caminata o ejercicio físico al menos tres veces a la semana.
6. *Hábitos de alimentación.* Podría hablar mucho de ello, pero me limito a decir que el exceso de azúcar y de carbohidratos son fuente de excitación. Del mismo modo, las grandes porciones alimenticias hacen de la digestión una sobrecarga energética que desgasta al organismo. Y, claro, lo mismo ocurre con los alimentos a los que cada persona es intolerante: al consumirlos, pueden producir malestares que afectan el funcionamiento del cuerpo.
7. *Planificación de actividades.* Al planificar cada una de las tareas que nos agobian podremos dar una respuesta racional a aquello que nos persigue irracionalmente. Es preciso intercalar descansos a lo largo del día con tareas más suaves hasta recuperarnos y poder continuar con menor presión. No debemos olvidar que al final del día conviene satisfacer distintas necesidades.

¿Qué placer me puedo permitir sin que se convierta en un abuso perjudicial?

8. *Desaceleración.* No se trata solo de desacelerar cuando ya estamos al borde del colapso por la prisa, sino de comenzar el día con calma. Ante una situación de estrés, es importante ajustar nuestras aspiraciones: alinearlas con nuestros recursos y capacidades. No podemos forzar la marcha para que quepan más cosas en el mismo periodo; hay que seleccionar con criterios de relevancia y urgencia, intentando delegar o aplazar el resto.
9. *Atención plena.* Poner foco e intensidad a lo que se está haciendo, eliminar o al menos disminuir distracciones –físicas o mentales– que disparan temores: esto facilita permanecer en el aquí y el ahora.
10. *Vínculos sanos.* La intimidad genera tranquilidad; no la codependencia, sino el verdadero encuentro. Ya sea que seamos muy o poco sociables, todos necesitamos del contacto íntimo con el otro.
11. *Ejercitar sanamente nuestra sexualidad.* El intercambio erótico es una fuente de bienestar y de liberación de energía. No se trata de que la sexualidad se viva como el uso del otro para la descarga pulsional, sino del disfrute mutuo para la energización y relajación compartida.
12. *Actividades manuales.* Las aficiones artísticas y de bricolaje nos hacen entrar en contacto con los objetos sencillos, activan la creatividad, focalizan la atención y nos dulcifican. Disfrutar de la naturaleza tiene un efecto benéfico similar.
13. *Psicoterapia.* Es necesaria para conocer las causas de nuestras conductas y cambiarlas, y para entrenarnos en el desarrollo de pensamientos que desactiven el sentimiento ansioso y en conductas concretas que lo aminoren.
14. *Ayuda farmacológica.* Un buen diagnóstico es fundamental para ver el grado de su influencia en nuestro

desempeño y bienestar, así como para saber cómo tratarlo. En ocasiones se requiere una intervención médica para apoyar al organismo a restablecer el equilibrio bioquímico que impide nuestra recuperación.

15. *Ojo.* La idea de hacer ejercicio, dormir o salir puede transformarse con facilidad en una manera de sufrir que tenga efectos contraproducentes: prisas de ir al gimnasio, el dinero que gastamos o el rendimiento que esperamos y que se resiste. Las medidas deben resultar equilibradas. Al igual que con los antibióticos, el exceso o las interrupciones pueden producir resistencia y las actividades mal diseñadas, poco sistemáticas o realizadas con agobio pueden quemar oportunidades.

2.4. EL ENOJO

> Cualquier persona capaz de enfurecerte se convierte en tu capitán.
>
> EPICTETO

El enojo es, básicamente, un exceso de energía cuyo objetivo es aumentar nuestros recursos para solucionar el problema que lo origina, pero cuando no sabemos cómo canalizarlo, acaba siendo un factor que nos daña y a veces también complica o genera más problemas respecto a la situación que tenemos que enfrentar. Por lo tanto, es necesario comprender el significado de esta emoción para transformarla en un enojo que no destruya, sino que resuelva.

El enojo va de la mano con la rabia y la irritación. La experiencia de sentirnos enojados incluye la sensación de frustración, contrariedad y fastidio, en mayor o menor grado, incluyendo en su extremo a la ira. Cuando un deseo no logra su realización porque encuentra algún obstáculo, la obstrucción genera una sobrecarga energética debido a la frustración vivida: a esa sobrecarga la llamamos enojo. Es importante señalar que la función original de esa energía extra es asegurar que el deseo o la necesidad amenazada se realice, pero lo que ocurre al no saber cómo manejarla es que, lejos de resolver el problema, lo agranda.

No tenemos que llegar a sentir arranques de ira para aceptar que estamos enojados; de hecho, como mucha de nuestra rabia no es ni violenta ni difícil de controlar, a veces la minimizamos. En el pasado, la sobrecarga adrenalínica del enojo servía para propósitos de supervivencia como vencer obstáculos que amenazaban la vida, pues las luchas eran cuerpo a cuerpo. Todos sabemos que la ira, aún hoy, genera una fuerza mucho mayor que la habitual. El problema es que seguimos usando esa respuesta biológica en situaciones que no requieren tal reacción adrenalínica. Es más, las respuestas con mejor precisión y coordinación, es decir, las que producen el mejor desempeño, se dan en estados de suficiente calma y relajación.

Ya dijimos que los sentimientos, a diferencia de las emociones, son una interpretación de los hechos elaborada con base en experiencias previas, prejuicios, creencias y mitos. Por tanto, muchas de las reacciones coléricas se exacerban por las conclusiones que hacemos respecto al obstáculo que enfrentamos: pensamos que alguien intencionalmente nos quiere perjudicar, o bien, tenemos altas expectativas de algún amigo. Estas interpretaciones deben ser revisadas, pues parte de la distorsión cognitiva que genera la reacción emocional consiste justamente en pensar que todos nos quieren perjudicar siempre o que la vida es una eterna batalla. Existen complicaciones, sí, pero la desconfianza y la maldad no es el rasgo esencial de la vida. Vivir con tales creencias nos genera respuestas inmediatas de enojo bélico y, en consecuencia, destructivo, emoción muy común, por cierto, en nuestra cultura competitiva.

El enojo tiene tres componentes esenciales:

1. La **descarga,** que es el equivalente a la apertura de una «válvula de escape», ocasiona deseos de gritar, de dar

un golpe o de moverte frenéticamente. Este componente incluye elementos químicos por el aumento de adrenalina que ponen al cuerpo en estado de tensión y de alerta. Se requiere descargar la tensión para recuperar el funcionamiento adecuado. De esto depende que las siguientes etapas se desarrollen de manera adecuada. No sirve reprimir el enojo, pero tampoco descargarlo inadecuadamente. Modular la reacción es una conquista de la que hablaremos después, la cual, sin duda, es producto de la ejercitación. El factor tiempo –dejar pasar tiempo– es central en la adecuada descarga; sin embargo, es importante distinguir esta del ataque al otro con el fin de hacerlo sufrir o castigarlo lastimosamente. Esta fase debe ser de catarsis para equilibrar el propio organismo.

2. Tras la sana descarga viene la **expresión,** es decir, informar al otro del efecto de su acción en nosotros. Se trata de nombrar, sin enjuiciar, el acto y la reacción que ha generado en mí. Nombrar y expresar lo que sentimos es una forma más elevada de descarga, pues afirma con claridad la propia necesidad o el punto de vista personal.
3. Una tercera fase, ya encaminada a la resolución, es pedir al otro que **reconozca** y corrija el daño. Solicitar de manera puntual que se repare lo hecho, o bien, que no se repita en el futuro, dando a conocer las consecuencias de dicha acción en cuanto al tiempo aproximado y las medidas preventivas que tomaremos para nuestra propia recuperación.

Estos componentes nos permiten observar que el enojo no es un fin en sí mismo, sino el vehículo para resolver un problema. Algunas personas quieren resolver su enojo saltándose las fases mencionadas y reprochando, señalando y castigando a quien les hizo daño. Hieren con palabras o con acciones, lo cual es más un desquite, una venganza, que un manejo adecuado de la emoción y un camino a la resolución. Las reacciones infantiles llevan a una escalada de acciones destructivas en las relaciones. Alguien que actúa de forma inmadura ante el enojo pretende imponer su verdad o su necesidad, mientras que aquellos que actúan con madurez buscan restablecer el equilibrio interno y proponer caminos de solución.

De aquí la gran importancia de **reconocer si nuestro enojo tiende a destruir o a resolver,** así como de observar no solo cuánto nos enojamos, sino cómo lo hacemos. Un manejo adecuado consigue el bienestar propio sin la necesidad de lastimar a los demás, de modo que enojarnos no es sinónimo de pleito, sino de resolución. Por eso no se puede vivir en el enojo, pues su función es transitoria mientras se encuentran los medios para la resolución. Es imposible nunca enojarse. Aunque hay personas más proclives a esta emoción, todos la experimentamos en mayor o menor medida e intensidad. Otra cosa es no reconocer esta emoción por considerarla mala o dañina, o bien, querer ocultarla por lo que puede revelar de uno mismo.

Nos enojamos también al sentirnos heridos. Al enojarnos, lo que hacemos ante la herida o desencanto vivido es desviar el sentimiento negativo fuera de nosotros hacia aquello que provocó el dolor. Pareciera sencillo, pero no lo es, porque no siempre tenemos claro qué es lo que generó nuestro dolor. A veces, por ejemplo, ante el hecho de no haber sido aceptados en un trabajo que deseábamos, nos enojamos contra quien nos entrevistó por haber sido tan incisivo con sus cuestionamientos, luego contra nosotros mismos por no habernos preparado más, e incluso con nuestros padres por no habernos inscrito en la universidad que queríamos. En ese ir y venir de malestares vamos procesando la experiencia hasta que logramos desplazar el malestar hacia el fin correcto, momento en el que la herida empieza a cerrarse y retomamos el equilibrio.

Para **sanar las heridas que están bajo el enojo,** es necesario que la emoción que provoca cuente con libertad de expresión.

Eso no quiere decir que debamos agredir y violentar a «los causantes» de nuestra rabia. El proceso implica primero reconocer la herida que genera furia y luego dirigirla hacia el blanco adecuado de forma oportuna. Sí, debemos poder expresar enojo de modo natural y saludable, aunque la experiencia nos desagrade. El enojo incluye muchísima tensión física y emocional, y la posibilidad de liberarla genera bienestar, por un lado, y resolución de problemas, por el otro. El conflicto se enquista cuando no podemos llegar al origen de la herida para liberarlo, o bien, cuando el enojo es de tal magnitud que se bloquea y solo crece en nuestro interior. Negar el enojo nos lleva a estar irritables permanentemente y a molestarnos por cualquier cosa.

A algunos de nosotros se nos dificulta más manejar el enojo porque tememos experimentar ira, debido a que la consideramos una emoción desagradable e incluso «mala». En especial las mujeres hemos sido socializadas para considerar al enojo como algo que nos hace ver «feas», mientras que a los hombres los hace ver «fuertes». Si consideramos que el enojo es malo, se puede tender a considerar que el enojo se disipará solo si lo evadimos y no pensamos en él. Otros más temen que permitirse experimentarlo los lleve a hacer una escena descontrolada que después les cause vergüenza por lo inadecuado de la reacción o por la posibilidad de lastimar a alguien. Sin importar la razón, engañarse a uno mismo y no aprender a ventilar constructivamente esta emoción hará que se quede enquistada.

Frenar el enojo solo intensifica la herida que lo generó y puede llevar, en consecuencia, a la depresión. Expresarlo impulsivamente y sin control, por otro lado, no resuelve el problema, ni sana el dolor y, por lo general, ocasiona más conflictos y heridas innecesarias. Por eso es importante entender lo que significa resolver la herida: sanar un dolor no quiere decir que siempre obtengamos lo que deseamos, sino dejar fluir la frustración, la pérdida y, con ello, ir limpiando la herida emocional.

Pareciera contradictorio, pero **esconder la rabia** para no parecer débiles es algo que sí nos debilitará, pues minará nuestras fuerzas físicas y emocionales. Por otra parte, ¿cómo mostrar esta emoción, que puede ser destructiva, de forma apropiada? La gente que vive enojada suele sentir que la vida la defraudó, de modo que culpa a terceros por sus problemas y desgracias, incluso por la muerte desafortunada de un ser querido.

Parece que quien vive enojado desconoce que todos en la vida tenemos que luchar por obtener un mejor estado de equilibrio, reconocer nuestro papel en el conflicto que nos enoja, distinguir qué parte sí es nuestra responsabilidad y cuál no, así como tomar acciones de aceptación y resolución. Pero es más fácil albergar el sentimiento de ira contra los demás, incluso contra la vida misma, que asumir la responsabilidad de hacer distinciones y tomar acciones, incluso aquellas que nos invitan a denunciar o pedir una reparación ante algún daño recibido. Este círculo vicioso hace que cualquier ofensa, por pasajera que sea, aumente nuestro dolor y que el enojo se descargue sin un blanco definido y sin liberación real. La confusión, la amargura y la frustración serán nuestras compañeras. Por eso, más que lamentar nuestra rabia debemos expresarla adecuada y directamente. Y agrego lo siguiente: no debemos tener grandes heridas para albergar un gran enojo: pequeños dolores enterrados pueden sumarse y generar ira.

Nada genera más frustración que sentirnos prisioneros del propio enojo: esta conducta no solo nos lleva a rumiar con gran malestar nuestras desgracias, sino a fantasear venganzas y maldiciones que nos degradan más. Y sí, sanar implica muchas veces encarar a quien nos lastimó, y encarar –insisto– no es agredir, sino señalar. Los métodos para afrontar los problemas varían en cada persona, ya que somos diferentes y sentimos distinto las heridas, pero en todos movilizan la energía interna con el fin de encarar de forma abierta y con sinceridad lo que sea que nos lo provoque: a veces con la necesidad de actuar, revelar, denunciar o pedir algo; a veces con el simple hecho de procesar internamente.

En el capítulo de comunicación asertiva veremos cómo se hace esto, pero adelantaré que se puede confrontar el enojo con alguien de forma breve, con claridad, sin adjetivos que lo degraden, sin necesidad de exageraciones, ni actuando como víctima, a reserva de que en realidad lo hayamos sido por algún abuso. No se trata de victimizarnos ni de humillar, el propósito es sanar y resolver. Por eso es necesario decir: «Me heriste», «Me lastimaste», «Abusaste de mí». Podemos hacerlo con testigos que nos empoderen si nos sentimos muy debilitados ante algún abuso, o bien, en privado si nos sentimos con la fuerza de realizarlo nosotros mismos. Si la persona niega el daño que nos causó, debemos señalar los hechos concretos y el efecto que tales hechos produjeron en nosotros. Si nos dice que fue una broma y que somos muy sensibles, hagámoslo responsable de conocernos mejor y no actuar conforme a algo que nos hace sentir mal. Si sentimos que sus acciones fueron deliberadas, señalémoslo también.

No sobra cuestionar por qué a muchos les atemoriza tanto enojarse: ¿por miedo a perder del todo a la persona que se confronta, cuya ayuda o amor es necesario?, ¿por temor a la burla y al ridículo?, ¿por miedo a la humillación? Tal vez si nos sintiéramos menos dependientes, tendríamos más fortaleza para enfrentar las situaciones; todos, en mayor o menor medida, necesitamos el amor de los demás, y si a esto sumamos experiencias infantiles de rechazo, maltrato o abandono, se agudiza la vivencia de inseguridad. La dependencia ocasiona relaciones de control, manipulación y, por tanto, temor y sometimiento; en ocasiones, depender lleva a lastimar de forma pasiva, incluso a amenazar sin que nada lleve a resultados satisfactorios. Estos intercambios pueden generar extrema necesidad en la persona dependiente y, al mismo tiempo, deseos de venganza sin un cauce oportuno. Por lo general, quien depende tiene explosiones poco fructíferas o, por el contrario, vierte el enojo contra sí mismo, desgastando la energía necesaria para solucionar y sanar.

Por otro lado, si eres de las personas que temen perder el control, el enojo te hará sentir muy frágil porque experimentar rabia es bastante incontrolable. Intelectualizar, proyectar, minimizar, en fin, cualquier mecanismo de defensa utilizado para «sortear» este sentimiento sin reconocerlo, pensando que la vulnerabilidad y la sensibilidad son señales de debilidad, puede llevarte súbitamente a perder el dominio. El enojo es tan poderoso que canalizarlo por vías intelectuales sin manejarlo en el plano de las emociones consume mucha energía, por eso las personas que se mantienen en permanente «control» a veces explotan desproporcionadamente y contra el objeto o la persona equivocada. Si son conscientes de que sus reacciones ponen en riesgo algo valioso, por ejemplo, su trabajo o la confianza de un jefe, tienden a desplazar la ira contra alguien más inofensivo que ellas y que no puede responder a su descarga ni perjudicarlo con alguna reacción. Este es el caso de los adultos muy contenidos ante sus problemas laborales que se descargan con la pareja o con los hijos. Cuando dejan salir su enojo, tienden a mostrarse como tiranos y les cuesta trabajo decir al sujeto adecuado: «Me lastimaste». Esta necesidad de control habla de profundas heridas que no se pueden tocar (muchas veces de maltrato añejo). No es fácil conversar con estas personas dominantes, ya que tienden a ser muy defensivas y, ante su imposibilidad de tocar la vulnerabilidad que los amenaza, culpan a los demás de haber provocado sus reacciones explosivas, así que lejos de pedir disculpas reparadoras se excusan desde una posición defensiva. Un ejemplo común es el del padre tirano que se justifica ante su hijo diciendo que actúa con «severidad» por su propio bien. En esos casos, habría que aprender a enojarse sin perder el control, por un lado, y sin desmoronarse, por el otro.

A quienes les importa mucho el «qué dirán», pero no se atreven a confrontar, expresan malestares y quejas en forma de olvidos, burlas hirientes, e incluso mediante descuidos a las pertenencias de los demás, o bien, con exabruptos y explosiones, y luego, en vez de explicar las causas de su enojo, se excusan aceptando que su reacción fue exagerada o descuidada para que no los juzguen, pero también para no enfrentar el malestar. Disfrazan su enojo de diferentes modos que van desde malestares físicos hasta *acting out,* es decir, acciones inconscientes en contra de alguien para evitar sentirse «malas» por el hecho de mostrar su enojo a los demás. Estas respuestas no dan salida adecuada a la rabia; de ahí que, tarde o temprano, se repita la acción con conductas disfrazadas que demuestren molestia, las cuales dejan salir la energía del enfado de manera vicaria. Esta salida mantiene en la persona enojada un estado de permanente irritabilidad.

En nuestro enojo, todos podemos intercalar de una u otra forma estas manifestaciones, pero lo único que en verdad sirve es rastrear y tocar el propio dolor, darle cabida y dejarlo fluir. Crecer no significa que no duelan las pérdidas vividas, sino obtener nuevas perspectivas de las heridas, de los afectos y de los fracasos pasados para que podamos vivir el presente con lo que este nos ofrece y no con vestigios de lo que ocurrió años atrás.

No sobra mencionar algunas técnicas que, si bien podrían parecer «ridículas», cuando se usan adecuadamente y no para evitar realizar una acción, sirven para canalizar la energía atorada. Escribir una carta, respirar y exhalar con fuerza, golpear una almohada o desfogar con un amigo haciendo uso de la sátira o del sentido del humor son algunas herramientas que ventilan el enojo.

En suma, solo se cambia la actitud frente al pasado siendo sinceros con lo que nos pasa en el presente. Mentir –y, sobre todo, mentirnos a nosotros mismos– resta calidad a nuestra vida. Si bien el primer paso es la sinceridad, después será necesario expresar abiertamente y bien manejado lo que sentimos. Debemos saber que, al inicio de la expresión emocional, nos sentiremos extraños, atemorizados y algo arrastrados por la emoción; sin embargo, el tiempo, la práctica y la no acumulación de emociones enquistadas nos enseñarán a templarnos y manejarnos mejor. No acumular, además, nos facilitará vivir al día y trabajar lo que nos pasa hoy, o bien, lo que pasó la semana pasada, pero sin que de nuevo se acumule tanto dolor.

2.5. LA CULPA

En general, la culpa se produce cuando lo que hacemos no corresponde con lo que pensamos y suele ocurrir porque las acciones que realizamos no están a la altura de alguna norma que hemos introyectado. La culpa nos hace sentir malos, crueles y desmerecedores, nos genera remordimientos y nos llena de odio contra nosotros mismos.

Nuestro comportamiento se rige por un código interno, el cual, por lo regular, fue formado años atrás con la influencia de nuestros padres y educadores primarios. Este código está constituido por normas que operan en nosotros, algunas de manera consciente y otras inconsciente. Una vez incorporado este código moral, se establece en nosotros un sistema que garantiza su cumplimiento: cuando alguna norma ha sido transgredida, se activa una señal para regular nuestra conducta. Esta señal es el sentimiento de culpa.

La culpa se manifiesta de distintas formas: como una sensación física a través de dolores corporales, dolor de cabeza u opresión en el pecho. Cuando se muestra como una emoción franca, genera sentimientos de dolor, agobio, desasosiego, arrepentimiento, vergüenza o angustia. En la mente se expresa mediante reproches y acusaciones hacia uno mismo de modo compulsivo. Estas manifestaciones se dan en simultáneo o se suceden unas a otras.

Sentirnos culpables no siempre es inadecuado: existe una **culpa funcional** a través de la cual se nos señala que hemos transgredido algo valioso e importante. Este sentimiento nos ayuda a resolver un problema, a cuidar de uno mismo y de los demás, así como a reparar los daños de acciones equivocadas. Sin embargo, hay una **culpa disfuncional** que solo añade sufrimiento a nuestra vida, convirtiéndose en un problema capaz de generar no solo malestar, sino también parálisis. En este sentido, es importante hacer distinciones respecto a la infracción cometida. Entonces, podemos afirmar que, si la norma transgredida es actual y viable de cumplir, si la hemos elegido libremente y si está basada en principios éticos, quizá es sano y oportuno que experimentemos cierta culpa. En este caso será mejor reconocer la falta cometida, aceptar que incurrimos en una infracción y actuar de modo diferente, reparando, en la medida de lo posible, los efectos que generamos por su incumplimiento.

No obstante, los sentimientos de culpa serán poco productivos y viviremos en una agónica tortura si no hemos elegido por cuenta propia la norma, es decir, si nos fue impuesta por otra persona, por la sociedad o por la Iglesia, si carece de sentido para nosotros y no tiene ningún valor en nuestras circunstancias particulares, y si nos daña a nosotros y viola los derechos de los demás. La autopercepción de ser malos, egoístas, perversos y desconsiderados es efecto de vivir con una culpa disfuncional.

Si bien es importante contar con un código ético que rija nuestro actuar, también es necesario desarrollar un criterio propio basado en un cuestionamiento informado para poder desafiar al «guardián del código interno» que nos impulsa a acatar sin cuestionar. Las normas incumplibles basadas en rasgos de carácter «sobrehumanos» generan mucho sufrimiento innecesario. Por eso es importante comprender el porqué y el para qué de las reglas que nos rigen internamente. Así podremos reconocer el valor que las sostiene –el cuidado a los otros, evitar el sufrimiento ajeno innecesario, el respeto a las diferencias– y flexibilizaremos su forma, en ocasiones, irracional y tiranizante. Este ejercicio nos entrenará en la construcción de un código ético propio, lógico, contextualizado, oportuno y constructivo, y no en la obediencia ciega a normas rígidas, absolutistas, incumplibles e incuestionables. Existen normas y acuerdos que paulatinamente pueden actualizarse sin necesidad de destruirse por completo, esto requiere –reitero– captar su esencia y flexibilizar su forma.

Se necesita mucho discernimiento y flexibilidad para distinguir si las normas que obedecemos corresponden al contexto actual en el que estamos y si son suficientemente claras y precisas para evitar generalizaciones imposibles de cumplir. Además, tenemos que aprender a ser compasivos con nosotros mismos, ya que si no es fácil estar a la altura de las propias normas, menos aún es quedar bien con todos cumpliendo como propia su normativa personal. La mayoría de las personas quiere agradar a los demás y, para no ser rechazados o abandonados, nos adaptamos en demasía a sus necesidades. Vuelvo a afirmar que todos requerimos la aceptación y el cariño de los otros para vivir, pero que el móvil de nuestro actuar sea únicamente la conquista de la aprobación en detrimento de nuestros deseos y necesidades tendrá justo el efecto contrario.

Es curioso observar que, en ocasiones, la conducta culpógena alberga en el fondo un sentimiento de enojo. Quizá por mucho tiempo nos hemos sentido heridos por alguien y las circunstancias o la propia inseguridad nos han impedido reconocerlo y señalárselo. Un enojo reprimido puede conducirnos a albergar sentimientos de revancha y desquite poco asimilados. Por un lado, al creer que es malo este sentimiento, nos castigamos a nosotros mismos y, por otro lado, para no tener que confrontar a quien nos lastimó o para evitar una explosión iracunda por lo sufrido, lo transformamos en culpa. Ambas situaciones tienen la ganancia secundaria de pasmarnos y limitar nuestra confrontación. Internalizar el enojo nos resta fuerza y nos hace sentir, al mismo tiempo, usados y malos, y esto limita aún más la expresión de nuestro malestar. Recordemos que el enojo enterrado no resuelve y, además, se vuelve contra uno mismo en forma de culpa.

Cuando la culpa esconde un enojo y este, a su vez, una herida inicial, necesitamos ser conscientes de ella para poder resolverla y poner los límites que requerimos para validar nuestros deseos o necesidades. Esta culpa es más aguda cuando quien nos lastimó es alguien a quien también valoramos y amamos –un hijo, una madre, una buena amistad–, y a quien no queremos perder ni lastimar. Pero recordemos que el enojo es normal, lo que complica su manejo es esconderlo o mostrarlo inadecuadamente. De hecho, una culpa no manejada sostiene dinámicas de cuidado y descuido hacia el otro, dado que nos atrapa en una dinámica ambivalente. No es fácil romper este mecanismo: poner los límites que requerimos o señalar las heridas que recibimos nos producirá cierta ansiedad y temor en el momento; pero, por otro lado, continuar viviendo con tal carga de culpa hace la vida aún más difícil. La culpa en sí acarrea un miedo desproporcionado a herir los sentimientos de quienes nos importan.

Toca entonces dejar de fingir que no sentimos lo que sentimos o que no pasó aquello que nos lastimó. Si fuimos molestados, si se nos manipuló o si se nos usó, debemos decirlo para no replicar estrategias tergiversadas de falsa resolución. Ahora bien, si señalar el daño y poner límites genera un malestar en los demás, tendremos que tolerarlo para bien nuestro y también para preservar, si vale la pena, lo bueno de esa relación. En el peor de los casos, la imposibilidad del otro de escuchar, validar o, al menos, respetar nuestro punto de vista nos deja poco margen de acción, pero el autocastigo no será en absoluto la mejor solución.

Recordemos, además, que no todas las personas están preparadas para acoger ciertas verdades. Eso significa que no debemos decir todo a todos, pero tampoco que tengamos que mentir. Siempre nos debemos la verdad a nosotros mismos, pues, si hemos trabajado en adquirir conciencia, somos quienes sabemos lo que más nos conviene. En el conflicto de encontrarnos con nosotros mismos, o bien, de complacer a los demás, estamos primero nosotros. Lo contrario nos llevará a la frustración, a la derrota y al enojo introyectado, el cual después se puede convertir en culpa.

Cuando el tener que actuar a favor de nuestros mayores intereses hiere a otros, el temor de perder su amor se puede apoderar de nuestro ser. Esta ansiedad es natural, pero ir desarrollando –como lo he planteado– el respeto a uno mismo es la única forma de lograr la autonomía emocional, pues ella nos permitirá legitimar nuestros sueños, necesidades, intereses y valores, sin la necesidad –hasta donde sea posible– de cortar de tajo las relaciones con los demás. De este modo, podremos encarar de frente estos problemas que nos generan tanta ambivalencia y, con ello, no solo disminuirlos, sino también ganar en seguridad personal.

La **culpa desproporcionada** y difícil de superar se origina ante condicionamientos, reprimendas o señalamientos aprendidos a muy corta edad. Cuando el efecto de tales condicionamientos genera en nosotros extrema ansiedad y miedo, y la culpa experimentada parece irracional por no estar relacionada con algo particular, un proceso terapéutico puede ser de extrema ayuda. Una culpa excesiva no es útil para tomar decisiones; de hecho, puede ser un factor que nos predisponga a sabotear nuestro futuro buscando cómo infligirnos autocastigos como estrategias de alivio.

Es mejor dedicarnos a vivir lo mejor que podamos y esperar, sin mayor certeza, que nuestra felicidad cause alegría a los demás. Estos son los términos sobre los que cabe actuar para romper las cadenas emocionales que nos aprisionan a través de la culpa, para no enfermar y para salir adelante.

2.6. LA TRISTEZA Y LA DEPRESIÓN

Estar deprimido abarca sentir tristeza, melancolía, nostalgia y, en resumen, infelicidad. La tristeza, si bien acompaña a la depresión, es diferente de ella. La tristeza es un sentimiento de vacío tras haber experimentado una herida o una pérdida. Si nos preguntamos qué nos entristece, por lo general hay una respuesta que tiene sentido y que puede ir acompañada también de enojo por la herida y de dolor por la pérdida. La tristeza profunda es una fase pasajera en el fluir natural de los sentimientos, claro, si la acogemos y la manejamos bien. La tristeza se procesa, se asume, se siente; la depresión, por su parte, requiere de una valoración mucho más profunda, dado que se puede presentar una serie de factores –genéticos, neurobiológicos y ambientales– que se desencadenan con un evento externo o sin él, llevando a la persona a sumirse en una vivencia de ahogamiento, sinsentido, cansancio y perturbación.

La tristeza se entreteje con la **melancolía** y la **nostalgia**. A veces, al estar tristes, albergamos sentimientos de zozobra al recordar momentos entrañables de otros tiempos, añoramos la presencia de cierta persona y extrañamos la comida de la abuela y las risas de una amiga. Una vez que traemos a la mente estos y otros ejemplos, los recuerdos provocan un nudo en la garganta con tintes de melancolía. La melancolía es esa tristeza vaga, permanente y profunda que hace que al sentirla no podamos disfrutar como antes. ¿Cómo abrazar el pasado con menor melancolía y abrirnos a las riquezas del cambio que estamos transitando ya? Se pierden cosas a lo largo del tiempo, sí; pero también se transforman otras. Quizá la clave consista no en frenar los sentimientos, sino en distinguir la nostalgia de la melancolía.

La melancolía se relaciona más con estados de ánimo vinculados a la tristeza que, cuando se instalan en la vida de la persona, pueden culminar en una depresión. La persona melancólica espera que algo mejor suceda en su trayectoria personal y, ante la desilusión de que no ocurre, experimenta con mayor fuerza su dolor. Por su parte, la nostalgia es un recuerdo biográfico que da coherencia a la propia vida y a través de ella predominan los recuerdos de las relaciones interpersonales valiosas, y permite que los recuerdos negativos de las experiencias dolorosas se transformen en una narración positiva. Así, a diferencia de la melancolía, la nostalgia se centra en los buenos recuerdos del pasado y no en los malos momentos del presente.

Extrañar y recordar es bueno; por el contrario, pensar que está «mal» genera que la idea de extrañar sea prohibida, y lo prohibido es lo que más nos seduce a rendirnos ante ella. No hay que prohibirse la idea de extrañar; sin embargo, tener la expectativa de que lo que fue volverá es como manejar por el camino de la vida mirando solo por el retrovisor.

A continuación, enuncio algunas herramientas que podrían ser útiles para **integrar a la vida un recuerdo del pasado** que nos nutra y nos motive a seguir:

- Darle «tiempo al tiempo» y confiar en que el olvido de ciertos episodios que pudieron ser en exceso lastimosos es también parte de un proceso neurológico que tiene su propio ritmo. Con el correr de los días las conexiones cerebrales que regulan las situaciones de crisis y las emociones «negativas» se saturan, pierden peso y favorecen que se atenúe la experiencia vivida.
- Atravesar cabalmente los procesos de duelo para experimentar en su momento todas las emociones que corresponden a dejar ir lo que sea que hayamos perdido.
- Pedir ayuda cuando –por las razones que sean– la experiencia incluya vivencias traumáticas que requieren un acompañamiento terapéutico y una desensibilización especial.
- Entender que lo que vivimos y decidimos en tiempos pasados no dependió de nosotros totalmente, o bien, que fue lo mejor que pudimos hacer con las herramientas emocionales y sociales que teníamos en ese momento, para, de ese modo, dejar de exigirnos y culparnos más.
- Cuestionar los mandatos sociales que recibimos sobre cómo debemos vivir. Mandatos que nos impelen a apegarnos a estilos de vida, cosas o relaciones, con un apego

desmedido que hace de cualquier transición una sobrecarga emocional.

- Vivir a contracorriente en cuanto a creencias limitantes que restringen la posibilidad de construir un futuro basado en nuevos parámetros acordes con lo que queremos y soñamos hoy.
- Aprender de la vida, asimilar las experiencias vividas y reconocerlas como oportunidades para construirnos en las personas que somos hoy.

Para dejar ir es necesario darse el tiempo de añorar y eso es parte del duelo. La cuestión aquí es aprender a extrañar, pasar de la melancolía a la nostalgia y así apreciar lo que fue valioso, sabiendo que forma parte de quienes somos hoy.

Para recuperar el disfrute de la vida, pienso en tres puntos clave:

1. En vez de decir «adiós» al pasado, decir «hola» a esos recuerdos que nos enriquecen, que nos generan –en medio de la añoranza– crecimiento y bienestar.
2. Mirar el pasado desde la gratitud para integrar en vez de separar, y abrazar la inmensidad de sentimientos que implican el don de haber gozado lo que ya pasó.
3. Voltear hacia el futuro con confianza y con genuina curiosidad.

Por su parte, hablar de depresión es adentrarnos en otro nivel de sufrimiento y dolor. Siempre encontraremos un posible desencadenante de la **depresión,** pero cuando esta pasa al nivel de enfermedad o trastorno, es porque se da una serie de factores psicológicos, genéticos y bioquímicos. Existen, por tanto, depresiones endógenas y exógenas: en las primeras las causas son más biológicas que producto de las circunstancias (desbalances bioquímicos, factores eléctricos neurológicos y antecedentes genéticos). Uno vive en la oscuridad y en la tristeza, y, tras esos lentes, observa el mundo, por lo que la persona se suele sentir culpable e incompetente para afrontar la vida. Por otro lado, las segundas son producto de circunstancias o eventos que nos ocurren –la muerte de un ser querido, ser víctima constante de abusos y maltratos–, de tal modo que el mundo es percibido como oscuro y triste por lo que está ocurriendo. Cuando la causa de la depresión proviene de un evento justificable, nuestro estado de ánimo volverá a la normalidad con el paso del tiempo, quedándose como un episodio puntual de tristeza y desorganización. Para ello hay que hacer el trabajo necesario para identificar los hechos que causaron la herida inicial; luego, trabajar con el enojo enquistado, con la tristeza pulverizada y también con la culpa de sentirnos así.

Una mejor descripción de la depresión endógena sería una experiencia en la que –más que sentir tristeza– no se siente nada. Una persona deprimida a menudo experimenta que su mente no funciona como solía hacerlo. A alguien deprimido le cuesta mucho trabajo o simplemente no puede hacer cosas que antes hacía como parte de su rutina. En una depresión endógena, lo que por lo regular nos daba la sensación de energía y de estar conectados con la vida se apaga. A diferencia de las emociones que todos experimentamos –como respuesta de nuestro contacto con el mundo– en el día a día, en la depresión endógena se pierde el estímulo básico que nos genera el deseo necesario para vivir. Es vital hacer conciencia de esto, porque existe una percepción social de que la depresión es una mera reacción a acontecimientos externos; de ahí la importancia de diferenciar entre ambas crisis.

Los síntomas de una y de otra tienden a ser parecidos:

- Cansancio, fatiga, apatía, desgana, pérdida de la vitalidad.
- Un estado de ánimo o humor depresivo que se mantiene la mayor parte del día, la mayoría de los días.
- Irritabilidad extrema.

- Pensamientos negativos, autoderrotistas.
- Pérdida de interés por actividades placenteras.
- Dificultad para concentrarse.
- Irritabilidad general.
- Pensamientos suicidas.
- Quizá la falta de sueño, de apetito y de deseo sexual es más acentuada en la depresión endógena que en la exógena.

Este conjunto de síntomas tiene efectos en la vida cotidiana –personal, laboral, familiar y social– de quien la sufre, pues impide un funcionamiento normal debido a la falta de motivación para hacer las labores diarias. La depresión genera mucho sufrimiento.

Una depresión exógena ocasionada por un evento puntual puede sobreponerse, o bien, desencadenarse por una depresión endógena. Es decir, ambos tipos no son excluyentes en sí. Por eso insisto en que un buen diagnóstico es central para saber cómo tratarlas. A veces es suficiente con trabajar en terapia para conocer sus causas y cambiar nuestras conductas; otras, se requiere, además, un entrenamiento para «ponerlas a raya», y en algunos casos es necesaria también una intervención médica con la administración de psicofármacos para apoyar al organismo a restablecer el equilibrio bioquímico que impide nuestra recuperación.

No es adecuado medicarse sin conocer la raíz del malestar que experimentamos. En los últimos años se ha multiplicado la venta de antidepresivos y esto tiene que ver con la falta de conciencia y profesionalismo en el diagnóstico psiquiátrico. Por eso, en caso de presentar malestar emocional intenso y constante, es importante consultar a un profesional de la salud mental antes de automedicarse. No está de más decir que la atención y orientación psicológica es importante para sumar efectos positivos al tratamiento farmacológico: un medicamento atenúa el malestar, pero no sustituye el trabajo personal para salir de un cuadro depresivo. Un fármaco puede ser la base sobre la que se apuntale un proceso terapéutico, pero nunca la única solución para una depresión.

Los tratamientos psicoterapéuticos integrales también trabajan los siguientes aspectos:

- El trabajo con la culpa generada por la experiencia de autodesprecio ante el sentimiento de incompetencia y de poca valía, es decir, con la sensación de que «deberíamos poder» con lo que estamos viviendo o que «deberíamos haber evitado» lo que nos está sucediendo.
- El trabajo con la rabia, dado que la depresión aparece cuando no expresamos el enojo oportunamente y se queda atrapado en nuestro interior. Un enojo enterrado se va transformando en odio y le va quitando a la vida todo su sentido. Vivir requiere energía y la persona deprimida carece de ella. En ocasiones los «autocastigos», como la autoimposición de tareas extenuantes, permiten redirigir la energía hacia afuera, lo cual, si bien es un primer paso para salir de la depresión, debe canalizarse a través de actividades más amables, tales como la pintura, la costura, la jardinería, el ejercicio, la limpieza productiva u otra actividad que permita una primera movilización del enojo enterrado hacia el exterior.
- La aceptación del dolor y de la tristeza profunda ante la pérdida: llorar, extrañar y dolerse, como medios de alivio y como avances en el sano proceso del duelo.
- Eliminar las distorsiones cognitivas que merman la capacidad de observación, reflexión e introspección necesaria para asimilar la experiencia y afrontar con mayor agencia personal lo vivido. Estar atentos a la retroalimentación que nos da el entorno respecto a cómo nos perciben y nos ven actuar. Esto permite ajustar la percepción que tenemos sobre nosotros y sobre el mundo.

- La paulatina reintegración al mundo social para superar el aislamiento que fue producto de la depresión, sin imponer la presión del contacto social que ya no se desea.

Desafortunadamente, sin sugerir que esta sea la mejor vía de autoconocimiento, la depresión en ocasiones quiebra defensas rígidas sostenidas por años y permite que la persona adquiera una visión más clara y menos distorsionada de sí misma. Cuando se logra adquirir una nueva conciencia de lo que se siente y de lo que se ha perdido, estar deprimido abre la puerta a una sinceridad con uno mismo para analizar lo que en realidad es importante en la vida y reacomodar las prioridades. No afirmo con esto que el sufrir sea una virtud inherente; pero, sin duda, atravesar tal sufrimiento puede aprovecharse para el crecimiento personal. La depresión aceptada nos prueba que somos reales, vulnerables, sensibles y, además, buenos. La depresión nos otorga el valor de volver a crecer.

2.7. LOS CELOS

Pocos temas causan tanto dolor, angustia y violencia como los celos. Si preguntamos a diversas personas si el amor y los celos van de la mano, encontraríamos tantas respuestas como sujetos cuestionados. Pero ¿son los celos una forma de amor?, ¿van de la mano? Los celos están en el territorio del amor, pero no son una forma de amor. Algunos dicen que no son celosos, pero en cuestión de celos es más correcto decir: «No tengo o no he tenido celos», dado que estos son totalmente situacionales y pueden aparecer en cualquier momento, a veces sin esperarlos.

Sentir celos es muy complejo, ya que los celos: 1. *Son caprichosos:* en ocasiones tendrían que aparecer y no surgen;

pero, en otras, aparecen sin razón; son muy subjetivos, pues tienen que ver con la propia historia, con los ideales, con los apegos, con las ideas del amor, entre otras cosas. 2. *Son corrosivos:* su alta intensidad sufriente corroe a la persona y permea en las relaciones. 3. *Son dominantes,* pues, al desencadenarse, es difícil detenerlos.

Los celos son un disgusto emocional intenso, un displacer frente a la posibilidad de perder a quien amas o ante la pérdida real del amado. La experiencia emocional que desencadenan es muy intensa, tal vez por eso no se les llama «celo», sino «celos», en plural. Son siete las emociones que se entretejen en los celos: *rabia, posesión, exclusión, envidia, competencia, humillación* y *miedo.*

Veamos un ejemplo: una mujer que propuso una separación con su expareja pasa en su coche frente a la casa donde ella vivía con su ex; al ver en la ventana a su expareja con otra mujer, siente inesperadamente unos celos sorprendentes. Pero si ella no tiene la más mínima intención de regresar a esa relación, ¿qué le pasa entonces? Ella sabe que legalmente esa ya no es su casa ni ese hombre su marido, mas se siente enojada, irritada. Junto con esta *rabia* surge la idea de la posesión: ¿qué hace esa mujer en «su casa» con alguien que «le pertenece»? Es claro que el exmarido y aquella mujer están dentro y ella está fuera, lo cual la lleva a sentirse *excluida.* Mientras el coche avanza, ella, de reojo, los ve sonreír y conversar, y se pregunta: «¿De qué se ríen, de qué platican?», acentuándose la idea de *exclusión.* Por otra parte, en ese momento ella no tiene una relación amorosa, lo que la lleva a experimentar el sentimiento de *envidia:* «¿Cómo es que él sí y yo no?». Aparece también la *competencia* y, por ridículo que parezca, se cuestiona: «¿Qué le dará ella que yo no le haya dado?». Por último, y no menos importante, se desata en ella un sentimiento de *humillación* que la lleva a pensar, desde una sensación de inferioridad, que esta nueva mujer puede ser mejor que ella, aun sin siquiera haberla visto o conocerla más que a través de una mirada fugaz. Inevitablemente irrumpe la experiencia del *miedo:* «¿Será que yo no conseguiré algo parecido?».

Esta intensa y múltiple reacción emocional genera una alteración cognitiva y conductual, la razón se nubla y la conducta se dirige desatinadamente, provocando acciones impulsivas y destructivas. Las acciones que de los celos se derivan varían en función de si los celos son moderados, o bien, si llegan a la obsesión y al delirio. De cualquier modo, cada ser humano hace su propio «coctel» de celos.

A pesar de las diferentes manifestaciones celosas, podemos identificar patrones que se repiten. De entrada, prácticamente todos ocultan sus celos, ya que se suelen vivir como una debilidad: es muy raro que alguien se declare celoso, lo grite a los cuatro vientos y, más aún, se lo diga a su cónyuge. La persona celosa se convierte en alguien reservado, distante y, de algún modo, se expresa de forma más severa, tanto con el cónyuge como con otras personas. Tras esa negación inicial –que puede mantenerse mucho tiempo tratando de ser inconsciente–, la persona celosa atraviesa un periodo de lucidez en el que experimenta inseguridad y su autoestima se ve mermada, ya sea por su físico, su erotismo, su actitud o incluso por su inteligencia. Se puede producir una autoinculpación –«Yo tengo la culpa», «He engordado», «Trabajo mucho»–, o bien, ira, actitud que se da mucho más en el género masculino.

Con el paso del tiempo, llega un punto insostenible en el que la intensidad de la emoción supera su discreción. Esa respuesta comienza con una serie de pensamientos o de sentimientos relacionados con la posible infidelidad de la pareja. Cualquier instante, cualquier circunstancia, cualquier evento puede ser el detonante perfecto: «Si saliera cinco minutos a la calle, sería el tiempo suficiente para coquetear o "acostarse" rápidamente con otra persona». Cualquier lugar –ya sea la iglesia, el supermercado, la escuela– ofrece la posibilidad de ver a un rival potencial.

Después suele aparecer una acción como respuesta a los celos, que puede ser minuciosa y calmada o frenética e impulsiva, dirigida a comprobar la veracidad de las sospechas del celoso.

Veamos algunos de esos patrones de conducta:

- *Interrogador.* Pregunta insistentemente y con impaciencia, busca pruebas: «¿Qué hiciste?, ¿con quién estuviste?».
- *Detective.* Arma rituales dirigidos al registro de la bolsa, los bolsillos, la cartera, los celulares o la inspección de la ropa en busca de signos de contacto. A veces censura cartas y llamadas telefónicas. Con base en los resultados autoriza lo que sí o lo que no puede hacer el otro: «Esa ropa, sí; ese maquillaje, no», «Esos amigos, sí; esos otros, no», «Tal trabajo, sí; pero en ese horario, no», etcétera.
- *Paternalista.* «Protege», sobre todo si la pareja es mujer. La limita con el pretexto de que le «preocupa su seguridad». Esto puede llegar a acentuarse hasta convertirse en una protección de estilo «mafioso»: «Te protejo o te mato».
- *Amable.* No es raro que la conducta controladora se disfrace de cordialidad: «¿Para qué quieres salir?, yo te lo traigo al volver por la tarde», «¿Trabajar?, vas a descuidar a nuestros hijos». Busca encapsular a la pareja, hacerla dependiente y crearle la falsa ilusión de que con él lo tiene todo, a causa de la pasión que le despierta creer que tiene un rival.
- *Galante.* Con la intención de reactivar la relación de pareja, a menudo con torpeza, la persona hace regalos, halaga y hace concesiones. El otro lo vive más como algo extraño que como un signo de amor. Son comunes las invitaciones «románticas» fuera de tiempo y de lugar, muchas veces impuestas de manera arbitraria.

- *Conquistador.* En el ámbito sexual, pueden manifestarse conductas contradictorias: desde un desinterés aparente hasta una gran actividad sexual, la cual tiene como objetivo demostrar su suficiencia y mejor desempeño como amante del que pudiera tener el supuesto rival.
- *Imitador.* Parte del interés del celoso en conocer al supuesto rival estriba en tratar de imitarlo –ropa, modos, gustos, gestos–, como si hacerlo presente así impidiera su acercamiento real.
- *Taciturno.* En vez de actuar como lo he descrito –o bien, además de hacerlo–, algunos despliegan una actitud fría, taciturna, dirigida a señalar la disparidad del valor moral entre sus conductas y las del «infiel».

¿Pero qué le pasa a la persona que es celada? Muchas veces se satura, se enoja y reacciona; sin embargo, es común que, debido al acoso permanente, experimente un debilitamiento y dude de sí misma y de sus capacidades. Esto la lleva a eliminar sus propios deseos, valores e intereses para evitar el conflicto.

Los celos se originan por muchas razones y van desde una experiencia manejable hasta una auténtica patología. Quizá el factor que más entra en juego para ser una persona celosa es haber desarrollado un apego ansioso. Esto se debe a que los cuidadores primarios no siempre respondieron a las necesidades del niño o lo hacían de forma ansiosa y negligente. Si esto no se trabaja, genera la necesidad de «amor total» para dar salidas a necesidades infantiles. Así, se crean relaciones de control y posesión ante la ansiedad que genera la incertidumbre y la separación.

También existen algunos **rasgos de carácter** que corresponden con el comportamiento celoso:

- La gente suspicaz, la cual es propensa a desconfiar o a ver «mala intención» en las acciones o palabras ajenas y también es extremadamente minuciosa: «¿Por qué dijiste eso?», «¿Para qué fuiste a ese lugar?».

- El «sabelotodo», aquel que tiene siempre la «respuesta correcta», que corrige y hace permanentes señalamientos.
- La persona moralista –en versión religiosa o no– que tiene una «clarísima» conciencia de lo que es «bueno» y «malo», «verdad» y «mentira». Llega a prescribir valores eternos, inmutables y, con frecuencia, crueles. No tiene dudas y hace con facilidad juicios de valor acerca de los actos de otras personas.
- El hiperromántico, quien espera del amado conductas irracionales e idealistas y para quien el amor real nunca será suficientemente bueno. Entre estas ideas está el pensar que tenemos una pareja predestinada y que si la encontramos debemos retenerla a toda costa. El hiperromántico asegura que no es posible amar o sentir deseo por dos personas al mismo tiempo, aunque se elija a una. También cree que el verdadero amor es eterno, que no puede terminar y, además, que todo lo puede y todo lo perdona.
- El responsable exagerado que cae en la tiranía por buscar la acción perfecta. Sin embargo, esa lógica de lo concreto y lineal no es fácil de aplicar a las cuestiones amorosas, ya que el amor es complejo y está hecho de contradicciones.
- El neurótico, cuya reactividad nerviosa es elevada. Estas personas presentan una baja tolerancia al estrés físico y psicológico, ya que con facilidad tienden a mostrarse ansiosas ante los peligros y las incertidumbres.

Por otro lado, aún no tenemos una comprensión clara de la relación que hay –si es que la hay– entre los celos infantiles y los celos sexuales adultos. Los celos en los niños son invasores y aparecen muy pronto, pero no son necesariamente un rasgo estable de algunos de ellos, y menos podemos afirmar que se prolonguen a la edad adulta. Aun así, tratando de no caer en una excesiva simplificación, me atrevo a pensar que los celos se vinculan con la calidad del desarrollo de la relación de apego, como ya lo mencioné.

Lo que sí es cierto es que los niños que fueron implicados en una relación perversa –es decir, donde los padres, saltándose los límites generacionales, los utilizaron como cómplices en un juego extraconyugal, pidiéndoles que mintieran, que no dijeran a mamá o a papá que los han visto, etc.– suelen estar más predispuestos a experimentar celos en la vida adulta.

Los celos pueden ser de diferentes tipos e ir de «normales» a patológicos. Se puede decir que existen **celos «normales»** debido a que todos, según la situación, podemos llegar a experimentarlos. Solo si son manejables no producen acciones destructivas, no quitan en exceso la paz interna ni llegan a generar un trastorno celotípico. Tenerlos nos pone en una contradicción constante: amamos y odiamos; queremos confiar, pero desconfiamos; tratamos de olvidar, pero nos obsesionamos y no podemos pensar en otra cosa. Los **celos patológicos** inundan la vida de la persona y la pareja: empiezan con pensamientos obsesivos, pasan a la depresión y llegan a la paranoia, incluso se experimentan delirios y pueden desembocar en una relación de hostigamiento, dependencia, control, fusión, posesión e incluso violencia que atenta no solo contra la relación de pareja, sino contra la vida de las personas implicadas. Y es curioso, conductas de este tipo pueden ser detonadas por celos simbólicos que solo existen en la imaginación del celoso, pero que son percibidos como reales.

Los celos, fundados o imaginarios, generan una serie de acciones que con el paso del tiempo produce culpa y, por tanto, requiere de alguna forma de perdón. Sin sentir algo de culpa seríamos peligrosos psicópatas capaces de arrasar al otro; sin algún tipo de perdón, se anularía la posibilidad de construir cualquier relación amorosa posible. De la culpa ya hablamos. Del perdón diría que, si bien en cada caso perdonar se verbaliza distinto, una buena afirmación de perdón podría ser así: «Te perdono. Lo que pasó ya no me influye, pero la consecuencia de aquello me lleva inevitablemente a tener que recuperar la confianza. Por ahora, mantendré ciertas medidas de precaución que te serán evidentes. Aunque también te aseguro que responderé a lo que hagas ahora y no a lo que hiciste entonces. Si noto algún prejuicio respecto a ti, te lo haré notar para poder comentarlo».

Consejos para un celoso

1. Hay que reconocer que sí soy celoso.
2. Detenerse, no actuar... ¿cómo? Conversando con nuestros amigos, haciendo ejercicio o llamadas telefónicas, respirando, escuchando música...
3. Es necesario reconocer qué me ocurre cuando siento celos: ideas, sentimientos, si percibo mi identidad afectada... ¡Y detente de nuevo! Porque los celos impulsan a la acción.
4. No culpar al otro (lo cual ocurre con mucha frecuencia), sino cuestionar la propia inseguridad y el miedo. Trabajar con el miedo es una labor central, pues nos convierte en esclavos de la pareja, del sexo y del temor al abandono.
5. Trabajar con nuestra propia autoestima para aprender a contar nuevas historias sobre nosotros mismos en relación con nuestro cuerpo, erotismo, actitudes e inteligencia.
6. Cuando los celos son infundados, debemos revisar cuál fue nuestra primera experiencia sexual, cómo fue nuestra familia de origen, cómo conocimos a nuestra pareja, las ideas que tenemos sobre nosotros mismos (cuerpo, actitudes, inteligencia, erotismo) y, por último, ser deseables en lo que atañe a la seducción y tolerar la incertidumbre.
7. Terapia.

Habrá que plantearse una vida en la que los celos se sientan... y buscar cómo no dejarnos arrastrar por ellos. ¿Seguimos reaccionando con celos o intentamos una forma de amar diferente? Por último, quiero agregar que una buena salida para los celos –que acosan y hostigan– es la seducción.

2.8. SENTIMIENTOS NORMALES, ANORMALES Y PATOLÓGICOS

La anormalidad de un sentimiento no puede determinarse por la cualidad o tipo de sentimiento porque existen amores anómalos y odios normales. Debemos de considerar anormal un sentimiento que no sirve a la persona para lograr lo que desea. Lejos de facilitar la consecución de sus objetivos, la frustra. Del mismo modo, dijimos que los sentimientos servían para vincularnos con personas, con proyectos, con experiencias; así, cuando un sentimiento impide que nos vinculemos, hablamos de que no está cumpliendo su función. Por último, los sentimientos también son un vehículo para entender y expresar lo que nos ocurre y, a través de ellos, poder organizar nuestra realidad y acomodarnos internamente con nosotros mismos. Un sentimiento anormal entorpece la posibilidad de expresarnos y, en consecuencia, de organizar, con base en nuestras jerarquías, la vida, las actividades y las relaciones. Por ejemplo, amar a alguien, si es imposible ser correspondidos, sería anormal, o bien, odiar a tal punto de desear que alguien o algo que no se puede destruir sea aniquilado también ocasiona que el sentimiento nos lleve al dolor y al fracaso.

En síntesis, un sentimiento es normal cuando las condiciones de la persona que lo experimenta, del objeto que desea y del contexto que facilita la acción se alinean. Pero es anormal cuando la emoción impide la expresión, la vinculación y la organización de lo que es valioso para la persona. Por tanto, la anormalidad no se refiere al contenido del sentimiento, sino a la imposibilidad de realizarlo porque no se cuenta con el deseo del otro o la realidad en el contexto. Así pues, en términos generales, a diferencia de los sentimientos anormales, los patológicos requieren la presencia de una enfermedad mental para existir.

CAPÍTULO 3

MI INTELIGENCIA EMOCIONAL

La persona inteligente emocionalmente tiene habilidades en cuatro áreas: identificar emociones, usar emociones, entender emociones y regular emociones.

JOHN D. MAYER

3.1. QUÉ ES LA INTELIGENCIA EMOCIONAL Y PARA QUÉ SIRVE

Después de haber recorrido este largo camino, de haber entendido lo que es el mundo emocional y de habernos introducido en los diferentes sentimientos que todos podemos experimentar, armemos el rompecabezas de la inteligencia emocional sin limitarnos a «recetas de cocina» que, por sencillas y casi obvias, terminan siendo insuficientes para manejarnos como adultos emocionalmente responsables y competentes.

Una vez dicho esto, defino la inteligencia emocional como la capacidad de reconocer los propios sentimientos y emociones, entenderlos y manejarlos adecuadamente para interactuar con uno mismo y con el entorno –material, animal y humano– de manera oportuna y constructiva. A su vez, la inteligencia emocional incluye la competencia de poder percibir en los demás la existencia de su propio mundo emocional, es decir, de poder reconocerlo sin que eso signifique asumirlo e interpretarlo, sino estar abiertos a escucharlo, entenderlo y posicionarnos respecto a él. La inteligencia emocional, en síntesis, nos permite percibir, usar, entender y manejar las emociones propias y las de los demás.

A estas alturas del libro es probable que recibas esta definición de inteligencia emocional con suficientes elementos para comprender cómo trabajar en ella. Esto gracias a que –como hemos visto– la inteligencia emocional incluye un amplio abanico de habilidades y rasgos de carácter que se manifiestan en los *pensamientos, reacciones fisiológicas* y *conductas observables* que desplegamos frente a los estímulos que nos rodean: control de los impulsos, autoconciencia, empatía, motivación, perseverancia, capacidad de adaptación y agilidad mental; todas indispensables para una buena y creativa adaptación social, así como para una adecuada relación y aceptación de uno mismo.

Gracias a la integración de todas estas competencias emocionales, podemos no solo cuidar nuestra energía con el objetivo de utilizarla para la creatividad y el bienestar propio, sino también para recopilar información veraz del entorno y actuar en consecuencia. Algo central de la inteligencia emocional es la posibilidad de conectarnos con los demás generando verdadera intimidad, la cual permita influirnos recíprocamente sin negar las diferencias ni la importancia de construir una autonomía emocional.

Estamos listos, ahora sí, para armar un esquema en el que fácilmente podrás integrar lo aprendido hasta este punto del camino y distinguir que la inteligencia emocional es tanto intrapersonal como interpersonal y que existen habilidades particulares para cada uno de estos ámbitos.

Algunas habilidades intrapersonales, es decir, de nosotros con nosotros mismos son las siguientes:

1. *Autoconocimiento.* Implica el desarrollo de la conciencia de uno mismo, así como la indagación y el entendimiento. Es la capacidad de saber qué ocurre en nuestro interior y reflexionar sobre ello. Esto facilita la comprensión de uno mismo y, por lo mismo, aporta libertad y responsabilidad, herramientas básicas para manejar las emociones y las acciones en torno a ellas.
2. *Autocontrol.* Autocontrolarnos implica la capacidad de regular los impulsos y acciones, autogestionar lo que sentimos, tolerar la frustración, posponer la gratificación y responder oportunamente a los eventos que nos acontecen. Ni la expresión de los sentimientos puede ser tan «natural» y espontánea, ni la represión –que ya hemos señalado como base de todos los mecanismos de defensa– es la solución. Regular es expresar conscientemente lo que sentimos, reconociendo su origen, aceptando el dolor y el malestar sin dejarnos arrastrar por los impulsos. Implica acoger la experiencia emocional, tolerarla y manejarla, y hacernos responsables de las acciones que realicemos a raíz de ella. Debemos recordar que las emociones son como son, sin peso moral, pero las acciones que deriven de ellas sí tienen un componente ético. Las emociones son buenas consejeras, pero terribles dueñas de nuestro actuar.
3. *Automotivación.* La motivación que viene del interior incluye la pasión por la vida. Esta pasión deriva de la claridad de lo que es bueno, bello, correcto, interesante y valioso para nosotros. La motivación interna viene del deseo que nos caracteriza y nos mueve como seres humanos, pero de un deseo gestionado con madurez. Si bien no se puede acceder a todo lo que deseamos siempre, en la base de la emocionalidad está ese deseo que, junto con nuestra historia personal y nuestro contexto más general, produce objetivos vitales que tiñen de motivación nuestra existencia para actuar con sentido

y propósito en la vida. La automotivación nos permite superar los fracasos inevitables, aceptar los errores que son parte del aprendizaje y atravesar las crisis que de ellos devengan para retomar el camino. La automotivación también nos brinda un sentido más allá de las heridas que la vida conlleva, para que podamos trascender el dolor y continuar nuestro proyecto vital. Además, la motivación interna, en tanto que incluye una actitud positiva ante la vida y un agradecimiento por lo que tenemos, facilita posponer la gratificación y sostener una actitud persistente para acometer lo que nos propusimos.

Por otro lado, entre las habilidades interpersonales, es decir, de nosotros con los demás están:

1. *La comunicación auténtica.*

- *Empatía.* Nos permite reconocer al otro como un auténtico otro con su propio mundo de emociones, valores y necesidades; por ello nos permite respetarlo y entenderlo. La escucha es una herramienta clave de la empatía, indispensable para entender a los demás y luego poder comunicarles lo que entendemos. Así, la empatía nos permite analizar la situación de los demás, valorar lo que implica para ellos, y acompañar y participar de forma efectiva y asertiva en una realidad ajena.
- *Asertividad.* Siendo asertivos podremos actuar con base en los propios intereses o necesidades, expresando cómodamente lo que sentimos, defendiendo lo propio con menor temor y ejerciendo nuestros derechos sin negar los de los demás.

2. *Habilidades sociales.* Si bien la empatía y la asertividad son en sí mismas habilidades sociales, existen otras competencias importantes para construir relaciones sociales

con quienes nos rodean, tanto en el trabajo y la familia como en otros espacios; es decir, con cualquier otra persona que forme parte de nuestro mundo. Los buenos vínculos son un alimento básico para los seres humanos, más allá de que seamos muy sociables o poco sociables. Como seres gregarios, requerimos sentir que podemos construir lazos profundos con los demás y sostenerlos.

Ahora examinaremos una por una las habilidades que necesitamos para desarrollar la inteligencia emocional. Hemos estado trabajando la primera competencia intrapersonal –la autoconciencia– desde la primera página de este libro. A estas alturas del camino hemos hecho una reflexión permanente sobre nosotros mismos: ¿quién soy? ¿Qué quiero? ¿Qué siento? ¿Por qué reacciono como reacciono? ¿De dónde provienen estas respuestas en mí? ¿Adónde me han llevado? ¿Qué es lo que no he querido ver? ¿Cuáles heridas han dejado mayor huella en mí? ¿Cómo me duele lo que me duele? ¿De qué y cómo me defiendo para no sentir?

El camino del autoconocimiento es inagotable. En primer lugar, porque somos seres complejos que siempre podemos reconocer algo que dejó huella en nosotros y resignificar la experiencia vivida. En segundo lugar, porque vivimos en permanente cambio y adaptación, razón por la cual podemos replantear nuestro mundo de necesidades, deseos, sueños, intereses y valores, y, con ello, redireccionar nuestra vida hacia aquello que nos resulta adecuado, necesario, importante, bello y constructivo en el momento presente.

En este punto de nuestro recorrido podrás reconocer que parte de las crisis vitales que atravesamos se debe a que lo que antes nos parecía suficiente y desafiante hoy no nos ocasiona el mismo interés ni la misma motivación. Así que el ejercicio de la autoconciencia debe ser siempre la plataforma para la construcción de la inteligencia emocional. La conciencia de uno mismo es la clave para poder convertirnos en personas emocionalmente inteligentes y, por ello, congruentes, equilibradas, asertivas y vinculadas. Continuemos ahora el trayecto hacia las nuevas habilidades requeridas para complementar este aprendizaje sobre la inteligencia emocional.

3.2. HABILIDADES INTRAPERSONALES

El autoconocimiento

Si bien a lo largo de todo este libro hemos realizado un trabajo de autoconocimiento, ahondaré en esta primera habilidad intrapersonal, la cual es la base para el desarrollo de la inteligencia emocional.

Los humanos somos seres conscientes. Esto significa que nos damos cuenta de las cosas y que somos conscientes de que nos damos cuenta. Es decir, sabemos que sabemos; por lo que, además de ser seres conscientes, somos autoconscientes. La complejidad de las operaciones mentales que derivan de esta capacidad es el raciocinio. Por este motivo podemos entrar en diálogo con nosotros mismos y preguntarnos: ¿quién soy?, ¿qué quiero? y ¿hacia dónde me dirijo? A partir de las respuestas que demos a dichos cuestionamientos nos sentiremos a gusto o no, intentaremos cambiar en pro de nuestro bienestar y crecimiento, o bien trataremos de acallar esa voz interna que nos cuestiona y desafía. Por un lado, escucharla y atenderla o, por otro, evadirla e ignorarla son decisiones que hay que tomar: ambas tendrán efectos distintos en nosotros y en nuestro modo de vivir.

Por tanto, al estar en contacto con nuestro yo más profundo, haciendo uso de la conciencia y voluntad, lograremos identificar lo que sentimos, lo que queremos y lo que requerimos para movilizarnos y cambiar. Activaremos también la fuerza y la voluntad que la tarea implica y despertaremos la motivación que necesitamos para asumir los costos que habrá en nuestros empeños. Además, esta reflexión consciente de quiénes somos y qué queremos nos permitirá alcanzar una de las más importantes tareas de la vida: conquistar la independencia emocional, aspecto nodal de la madurez.

Gracias a la **autoconciencia** podemos conocer nuestras emociones y tomamos la información que ellas nos proporcionan. La capacidad humana autorreflexiva nos permite darnos cuenta, reconocer nuestros sentimientos, observar lo que ocurre y distinguir lo que se debe aceptar porque no se puede cambiar, así como modificar aquellas situaciones en las que tenemos un buen rango de acción. Conocernos significa también ser compasivos con nosotros mismos ante lo vivido y lo que esto nos hace sentir. No somos perfectos, pero sí podemos asumirnos responsables de nuestro equilibrio y bienestar. La autoconciencia incluye, por supuesto, la autoindagación para articular la historia concreta detrás de cada emoción, así como la responsabilidad de reconocer nuestros valores, es decir, eso que deseamos y valoramos y que requerimos honrar para lograr una vida con coherencia, integridad y propósito.

Haber recorrido los aprendizajes de los capítulos anteriores nos ha permitido ir adquiriendo suficiente conocimiento del mundo emocional, de los sentimientos que más experimentamos y de su origen. Continuemos ahora con las demás habilidades que potenciarán nuestra inteligencia emocional.

El autocontrol

Pareciera que una de las tareas más difíciles en el desarrollo emocional es la capacidad de sentir libremente y, al mismo tiempo, templar nuestras reacciones ante la emoción experimentada. Las más grandes atrocidades y los mayores errores de la vida pueden ocurrir porque reaccionamos impulsivamente ante un evento que nos entusiasma o nos desencanta, o bien, porque nos pasmamos –por las mismas razones emocionales– cuando deberíamos actuar.

Trabajar en la inteligencia emocional implica salirnos de nuestras respuestas comunes ante estímulos emocionales y entrenarnos para generar reacciones distintas que nos permitan sentirnos con mayor dominio de nuestro mundo afectivo. Esto significa tolerar cierta ansiedad e incluso, a veces, mucho miedo. Asimismo, el proceso de la inteligencia emocional no solo incluye la incomodidad de cuestionar y desechar creencias obsoletas y viejos patrones de conducta, sino también sostenernos emocionalmente ante un entorno –laboral, familiar, social, religioso– que, al preservar una dinámica añeja, «nos induce» a seguir reaccionando igual.

No, hoy no podemos seguir culpando a quienes nos rodean por nuestras reacciones. Sin duda, hay personas malintencionadas o tóxicas, ambientes estresantes e injusticias imperantes, pero la respuesta que demos a ellas –incluyendo las conductas de resistencia ante los abusos de poder– requieren de autocontrol emocional para generar acciones de valor. Tanto la puntual capacidad de aprender a calmarnos como la constante competencia de convertirnos en personas resilientes serán herramientas importantes para poder controlarnos a nosotros mismos ante los huracanes emocionales que la vida nos ponga delante.

a) Aprender a calmarse

Hemos dicho que las experiencias afectivas pueden generarnos un impacto tal que nos llevan a experimentar sensaciones físicas y pensamientos recurrentes, los cuales, a su vez, tienden a perturbarnos y amenazar nuestra tranquilidad. La energía que deviene de dichas vivencias debe ser, en primera instancia, recibida, templada y canalizada para dar respuestas pertinentes a lo que sea que nos esté sucediendo. No hay duda de que capacitarnos en esto nos fortalecerá, no solo al sentir el propio control ante lo que nos sucede, sino también por la confianza de poder responder de forma adecuada, aminorando costos innecesarios, tanto para nuestra persona como para quienes están a nuestro alrededor. Los efectos del logro, el bienestar, el crecimiento y la seguridad se dejarán ver mientras más adecuadamente respondamos a los estímulos que nos rodean.

En primera instancia, este proceso nos será de utilidad para aprender a calmarnos. Si no tenemos la capacidad de tranquilizarnos, será imposible dar el paso necesario para valorar la situación que se nos presenta, responder en la justa medida y defender lo que es importante para nosotros.

Hemos dicho que el cerebro, producto de millones de años de evolución, reacciona rápidamente ante cualquier sensación de peligro dando señales de alarma. Si bien hoy no nos enfrentamos ya a las contingencias de nuestros ancestros, el sistema nervioso central y el periférico siguen respondiendo con la misma velocidad. Recuerda que algunas de las señales de alerta que recibimos del entorno tienen que ver con *peligros reales,* como en el caso de verdaderos acosos o amenazas físicas; otras se activan al reconectar con *situaciones traumáticas* de experiencias anteriores, vividas principalmente durante la infancia; y algunas otras se detonan debido a *creencias erróneas* enquistadas sobre la vida, las relaciones, nosotros mismos y los demás. Reconocer las diferencias existentes entre las distintas señales de alarma es de suma importancia para reaccionar en concordancia con lo que se nos está presentando.

Desarrollar la capacidad de tranquilizarnos es la única vía para lograr identificar lo que está ocurriendo, reflexionar la respuesta que se dará y, posteriormente, generar conversaciones donde se pueda escuchar al otro, ponerse en su lugar, tomar en cuenta los propios criterios, necesidades e intereses, y plantear lo que queremos dentro de un ambiente en el que predomine la asertividad. Cuando nos asustamos, nos enojamos y nos alteramos, el ritmo cardiaco aumenta, se contrae más fuerte el corazón y sudamos más; estas reacciones físicas nos alertan para protegernos. Por eso la atención se estrecha y se concentra en un punto particular impidiéndonos ver todo el espectro. Esto funciona efectivamente en una emergencia, pero es limitante cuando tenemos que resolver una situación más compleja, pues cierra nuestra visión y perspectiva del asunto.

Al estar abrumados surgen pensamientos de indignación, de querer tener la razón y de merecer el derecho de algo. También podemos sentirnos como víctimas inocentes de lo que está ocurriendo. Todos estos pensamientos, lejos de aligerar la situación, mantienen y acrecientan el estrés que se experimenta.

Aún no lo había mencionado, pero en estas reacciones hay diferencias entre hombres y mujeres debido a la educación de género que comúnmente recibimos. Si bien no se pueden establecer generalizaciones, los hombres tienden a acelerarse más rápido y tardan menos tiempo en calmarse, mientras que las mujeres se aceleran más lentamente y se calman con menor facilidad. Esta distinción está asociada, a su vez, con las diferencias de género evolutivas; sin embargo, no son situaciones biológicas, sino que están condicionadas por la educación. En los orígenes de nuestra especie, por su papel en la crianza, las mujeres necesitaban tranquilizarse más rápido, no afectar su capacidad de lactar y vincularse con las nuevas criaturas; por su parte, dada su función en la cacería y en la protección de la tribu, los hombres necesitaban mantenerse con una alta excitación para permanecer alertas. Como consecuencia de esto –pero hoy, sobre todo, por nuestros condicionamientos sociales–, ante el estrés, los hombres se exaltan más rápido y más seguido, pero regresan al equilibrio un poco más rápido; las mujeres, por el contrario, tardan más en exaltarse, pero requieren más tiempo para relajarse y dejar pasar lo experimentado.

En cualquier intercambio social es muy importante la habilidad de calmarse: si las cosas se exaltan, será muy valioso poder detenernos y darnos un tiempo fuera antes de seguir con una discusión o tomar alguna decisión. Aprender a calmarse es indispensable en la resolución de conflictos y en las elecciones de vida. Sin la suficiente calma interna, no se pueden sostener conversaciones en las que nos escuchemos a nosotros mismos y a los demás; tampoco se puede reflexionar sobre los propios criterios, necesidades e intereses, ni podemos ponernos en el lugar del otro para crear un ambiente en el que predomine la positividad.

Te ofrezco un dato de gran importancia: cuando nos alteramos, se necesitan alrededor de veinte minutos para que los neurotransmisores cerebrales se nivelen de nuevo y se retome la tranquilidad suficiente para actuar de forma adecuada. En situaciones de emergencia, estrés o tensión, se desarrolla toda una reacción corporal que debemos manejar y dejar pasar. El descanso de veinte minutos no es para rumiar lo que pasó y recrudecer las sensaciones de enojo, malestar, envidia, celos o decepción, sino, literalmente, para calmarnos y retomar el equilibrio orgánico base.

Existen cinco pasos concretos para poder lograr este autocontrol:

1. Controlar la respiración. En estado de excitación se respira agitadamente y el aire no llega al bajo vientre. Podemos cambiar el ritmo de la respiración inspirando lento y con profundidad hasta que sintamos que esta se vuelve regular. Es necesario tomarse el tiempo suficiente para inhalar y exhalar despacio y con el abdomen.
2. Identificar las áreas de tensión muscular en el cuerpo para primero tensarlas y después relajar ese grupo de músculos. Sirve empezar de abajo hacia arriba: primero con las piernas, luego con la espalda y el abdomen, después con los brazos, los hombros, el cuello y toda la cara. Tensar y relajar, tensar y relajar.

3. Deja fluir la tensión hacia afuera de cada uno de los grupos de músculos, imaginando que cada músculo se siente muy pesado. La imaginación debe acompañarnos en este ejercicio para visualizar cómo sale la tensión del cuerpo. Al mismo tiempo, debemos continuar respirando.
4. Por último, permite que esos pesados músculos se calienten y que ese calor continúe relajándolos, de modo que la tensión siga saliendo del cuerpo.
5. Estos primeros cuatro pasos se realizan focalizando nuestra atención en una visión o idea que nos aporte tranquilidad. Podemos visualizar en la mente un lugar específico en el que hayamos estado y nos sea reconfortante, que nos dé paz, ¿un bosque o una playa? Traigamos a la mente ese lugar con el mayor realismo posible: pongámosle detalles, sonidos, aromas, luz. Experimentemos en el cuerpo las sensaciones que ese lugar nos produce al tiempo que continuamos respirando, tensando y relajando, y sintiendo cómo nos vamos calmando.

Recordemos:

- *Primero,* respirar profundo y sacar el aire desde el estómago.
- *Segundo,* tensar los grupos musculares, mantenerlos apretados y luego relajarlos.
- *Tercero,* hacer que los músculos relajados se sientan pesados.
- *Cuarto,* lograr que los músculos relajados se sientan calientes.
- *Quinto,* enfocar la imaginación hacia una imagen o un lugar que nos produzca calma.

Estos cinco pasos son un manual de emergencia para aquellas situaciones que nos puedan llevar a un exabrupto emocional; por esta razón, debemos aprender una serie de técnicas para lograr un equilibrio emocional más consistente. El autocontrol requiere estrategias que permitan al cuerpo y a la mente vivir en cierta armonía, de modo que estemos mejor preparados y balanceados emocionalmente para afrontar los desafíos que la vida nos presenta día a día.

Revisemos otras técnicas útiles para facilitar el autocontrol:

1. *Parar las rumiaciones mentales.* Es importante aprender a detener las ideas negativas que irrumpen en el cerebro y alteran nuestra emocionalidad: «No puedo», «Me quiso lastimar», «Voy a fallar». ¿Cómo detener los pensamientos obsesivos que por lo general se sustentan en creencias erróneas sobre uno mismo y el mundo? ¡Desactivándolas! Es imposible evitar el pensamiento, pero es necesario tratar de entrar y salir de él, buscar distracciones y repetirnos a nosotros mismos: «De nuevo la mente me quiere jugar chueco». Sirve cambiar la posición física en la que nos encontramos y la actividad que estamos realizando. ¡A distraernos un poco! Y a concentrarnos en el objetivo de no explotar inadecuadamente.
2. *Hacer ejercicio u otra práctica que incluya mente y cuerpo.* La actividad física es un hábito fundamental que, además de aportarnos vitalidad, nos ayuda a sostener un estado prolongado de relajación y bienestar.
3. *Reconozcamos el pensamiento que está tras la emoción.* Es importante aprender a erradicar la distorsión cognitiva que la irrupción emocional detona; por ejemplo, pensar que todos los jefes tienen que ser de carácter fuerte y pueden explotar ante nosotros. Este pensamiento puede generarnos una reacción ansiosa que no corresponde con lo que está ocurriendo en una sala de juntas.
4. *Establecer hábitos de sueño y hábitos alimentarios.* El mal dormir y el mal comer nos pueden hacer más proclives al desbalance emocional. El cuerpo resiente no

tener satisfechas sus necesidades básicas generando mayor irritabilidad ante lo que ocurre en el día a día.

5. *Planificación de actividades.* Dar a cada una de las tareas que nos estresan una respuesta racional para que dejen de perseguirnos irracionalmente. Intercalar descansos y tareas más suaves a lo largo del día baja el nivel de estrés y nos permite un equilibrio que facilita el manejo emocional. No debemos olvidar que a lo largo del día es conveniente dar satisfacción a distintas necesidades. ¿Qué placer me puedo permitir sin que se convierta en un abuso perjudicial?
6. *Desaceleración.* Bajar el ritmo –pero no cuando estemos a punto de colapsar con nuestra propia exacerbación emocional, sino al inicio del día– es un hábito saludable. Pausemos a lo largo del día nuestros movimientos y reacciones. Además, ante una situación de estrés se impone una cierta rebaja de nuestras aspiraciones: alinear nuestras aspiraciones a la medida de nuestras posibilidades reduce las autodemandas inalcanzables. En particular, no debemos forzar la marcha para que quepan más cosas en el mismo periodo cuando estamos bajo algún estrés emocional. Hay que seleccionar con criterios de relevancia y urgencia lo que vamos a hacer para tener la energía suficiente que requiere el manejo emocional. Intentar delegar o aplazar algunas actividades temporalmente significa que nos reconocemos en una situación de cierta envergadura afectiva que necesita nuestra energía en especial para transitarla con menor dificultad.
7. *Atención plena.* Enfocarnos en lo que estamos haciendo elimina distracciones –físicas o mentales– que disparan temores y rabias. Permanecer en el aquí y en el ahora hasta que estemos en el momento de poder actuar de manera oportuna.
8. *Ejercitar sanamente nuestra sexualidad.* Una vida sana sexualmente, en compañía o en soledad, nos genera

no solo un bienestar emocional, sino un equilibrio físico de base, así como espacios de placer que alimentan nuestra experiencia de bienestar.

9. ***Actividades manuales.*** Las aficiones artísticas y las manualidades –pintar, tejer, armar, recortar, tallar, decorar, cocinar– nos hacen entrar en contacto con objetos sencillos y nos dulcifican, nos desestresan, nos permiten desarrollar la concentración, potenciar la creatividad, desplegar las habilidades y, en ocasiones, compartir un *hobby* con alguien más. Al unir las funciones del cuerpo y la mente convergemos en un punto de atención en los detalles y, por tanto, de relajación.
10. ***Actividades en la naturaleza.*** Disfrutar de actividades en entornos naturales –bosques, campos, montañas, prados, ríos, mares– también tiene un gran efecto benéfico.
11. ***Psicoterapia.*** Sin duda, ante la incapacidad de manejar nuestros estados emocionales o de desentrañar nuestro mundo interior, puede ser muy útil iniciar un proceso terapéutico. Este nos facilitará conocer las causas de nuestras reacciones, así como controlar y cambiar nuestras conductas.
12. ***Ayuda farmacológica.*** Cuando la imposibilidad de calmarnos llegue a un extremo mayor, un buen diagnóstico es fundamental. Existen exabruptos emocionales, reacciones inadecuadas y malestares afectivos perturbadores que requieren ser evaluados para ver el grado de su influencia en nuestro desempeño y bienestar, así como para saber cómo tratarlos. A veces se necesita intervención médica para ayudar a nuestro cuerpo a recuperar el equilibrio bioquímico.

Acciones constantes que faciliten el autocontrol generan mayor confianza en uno mismo, más sensación de tener las riendas de nuestra vida y menor temor ante nuestro mundo emocional. El cerebro es tan maleable que los pequeños actos sostenidos en el tiempo generan cambios en nuestras reacciones emocionales y permiten crear nuevas conexiones neuronales, las cuales nos confirmarán que somos capaces de entender y manejar mejor nuestro mundo emocional.

b) Resiliencia para confiar

Transformar el manejo emocional requiere que nos sintamos competentes para afrontar los desafíos que la vida nos depare. Sin ser catastrofistas, y menos aún masoquistas, debemos asumir que se requiere una energía particular para procesar las pérdidas, asimilar las experiencias vividas, crecer con ellas, así como integrar los desencantos y los aprendizajes que estas conllevan. No sobra decir que los procesos que tenemos que vivir no solo son desconocidos y muchas veces desafiantes, sino que, en ocasiones, también resultan severamente lastimosos.

Es probable que a estas alturas de la vida ya hayamos superado alguna profunda herida emocional y aun así sigamos vivos, tengamos trabajo y conservemos vínculos que son valiosos para nosotros. Pero ¿cómo manejar mejor esa sensación de pérdida que no podemos identificar ni definir con claridad y que nos sigue acompañando? ¿Cómo asumir la incertidumbre del futuro, a veces amenazante, que tendremos que vivir? Somos seres íntegros con un gran potencial de crecimiento y realización en un mundo de libertades y oportunidades, por lo que debemos continuar con energía. Existe un factor llamado resiliencia que es muy útil para generar la fortaleza ante el quiebre, la decepción y las frustraciones. La resiliencia es la capacidad que poseemos para encarar las circunstancias adversas gracias a cierta forma de flexibilidad emocional que nos ayuda a resistir los embates de la vida cotidiana, sobre todo cuando esta se torna más dura. Es particularmente útil cuando enfrentamos pérdidas que hacen que cuestionemos las certezas que nos apuntalaron toda la vida. A través de ella se nos facilita la adaptación a los cambios, así como salir airosos de la adversidad, remontar experiencias difíciles y reponernos de los efectos implicados. Si bien la resiliencia surge de la capacidad de ciertas personas para salir victoriosas de episodios de extrema adversidad, causados por catástrofes naturales o sociales, la vida cotidiana también genera estrés y crisis, sobre todo cuando abandonamos «caminos seguros» que, con todo y sus incómodas limitantes, dan un marco de certeza y seguridad. Los desafíos que esta transformación presenta requieren, para superarlos, la capacidad de sobreponerse a los cambios de paradigma, así como a ciertos «fracasos» y a múltiples quebrantos.

Esta capacidad de resistir presenta una idea dialéctica; es decir, la necesidad de enfrentarse a dos posturas que comúnmente podrían parecer contrarias, pero que, en el momento, se presentan como complementarias, por ejemplo, la felicidad de la tristeza, o, como suele decirse, «de lo malo, lo bueno». La realidad nos ofrece ejemplos en los que algo que nos provoca tristeza también puede traernos felicidad. Pensemos en un familiar que, luego de pasar largo tiempo padeciendo una enfermedad dolorosa, al fin fallece: si bien su muerte nos causa un gran dolor, también sentimos cierta paz y alegría al saber que alguien a quien amamos ya no sufrirá más. Dicha alegría es el punto de partida que nos llevará a superar el dolor, teniendo la esperanza de que en el futuro podremos dejar el sufrimiento atrás. En nosotros existe cierta ambigüedad que, al final, se integra para ayudarnos a enfrentar, en este caso, la muerte. Así, la resiliencia se presenta como una herramienta para enfrentar con solidez las vicisitudes y fomentar la madurez emocional.

No todas las pérdidas nos exigirán el mismo nivel de resiliencia. De una forma u otra, y en distintos grados, toda pérdida implica una exigencia emocional y nos obliga a aprender a vivir con la ambigüedad. Cabe decir que la resiliencia no es algo que se desarrolle sin antes adquirir cierta práctica: no es una característica que la gente tiene o no tiene; al contrario, esta se construye con conductas, ideologías, acciones y pensamientos que pueden aprenderse y desarrollarse por quien se lo proponga. Para ello existen varias medidas que ayudan:

1. *Creación de vínculos.* Como seres primordialmente sociales, los humanos requerimos rodearnos de más individuos para enfrentar la vida. Así, establecer vínculos afectuosos y de apoyo mutuo será el primer factor que favorezca el desarrollo de la resiliencia. Los grupos de apoyo mutuo como la familia, los amigos o las personas que viven circunstancias similares –incluso grupos de crecimiento creados con el explícito fin de generar contención– aportan mayor seguridad a quien atraviesa una pérdida o un reto complejo. La intimidad genera tranquilidad y equilibrio. Independientemente de que seas muy o poco sociable, la vida emocional adquiere satisfacción y balance cuando sabemos que contamos con quién hablar, con quién ventilar lo que vivimos y con quién disfrutar.
2. *Nuevos paradigmas.* Es necesario dar un giro a la percepción que tenemos de la crisis, las pérdidas o cualquier reto que estemos atravesando: existen circunstancias que no podemos cambiar, pero sí podemos interpretarlas y afrontarlas de modo diferente. Cambiar nuestra perspectiva, reflexionar y observar desde un nuevo punto de vista lo que estamos enfrentando ayudará a fortalecer nuevas ideas y diseñar diferentes cursos de acción.
3. *Bienvenida al cambio.* Un individuo que comprende los cambios y que procura practicar cierta elasticidad en sus planes y visión a futuro será mucho más propenso a manejar adecuadamente las vicisitudes inevitables de su existir. La virtud principal del ser humano no es la estabilidad, sino la capacidad de crear nuevas estabilidades a partir de las inestabilidades. La lógica misma de la naturaleza

no es recuperar el equilibrio anterior, sino gestar nuevas formas de equilibrio; esta aptitud permite a la vida desarrollarse, producir la diversidad y perpetuarse. No existe, por tanto, el equilibrio estático, puesto que el equilibrio siempre es dinámico y está en permanente proceso.

4. ***Decisión y voluntad.*** Cuando nos enfrentamos a un proceso de pérdida es necesario hacer uso de la fuerza de voluntad, incluso aumentarla a través de su ejercitación. Esto será posible cuando tomemos las decisiones necesarias para salir adelante. Una decisión no es un proceso imaginativo, sino un acto palpable, por lo que requiere poner plazos específicos y realizar acciones contundentes. Aprendiendo a tomar decisiones y actuando con aplomo, podremos mejorar nuestra capacidad de resiliencia y, con ella, desarrollar una solidez de carácter.
5. ***Sentido del humor.*** Si bien enfrentarse a las vicisitudes es un ejercicio serio que requiere fuerza de carácter, el sentido del humor siempre es una herramienta útil ante los conflictos. Saber reírse en el momento adecuado es un acto que libera estrés y permite pensar con mayor claridad. Esto no significa que debamos burlarnos de los problemas o ridiculizarlos. Por el contrario, es dar una buena cara a las tormentas, de modo que podamos ponerlas en su justo sitio, sin menospreciar ni exagerar.
6. ***Sentido de propósito.*** Tener un propósito en la vida orienta nuestras acciones a través de una motivación intrínseca, estableciendo metas claras y fomentando la perseverancia y la capacidad de lucha. Conocer nuestros recursos y limitaciones permite una perspectiva objetiva de lo que se puede y lo que no se puede, ofreciendo, a su vez, una visión optimista y realista de nuestro presente y futuro.

Para ejercer la resiliencia no se necesita no sentir dolor o estar en un constante estado de actitud positiva. La resiliencia nos permite no sucumbir ante la adversidad, integrar vías de salidas factibles, aun en medio del dolor, y trabajar con madurez la frustración generada a lo largo del camino.

La automotivación

En la actualidad, la sociedad favorece el confort, promueve el placer y promete la felicidad y, sin embargo, existen millones de personas que están insatisfechas con su vida, su trabajo, su propia persona y sus relaciones. Quizá hoy, más que en el pasado, a pesar del vertiginoso avance de la ciencia y la tecnología, encontramos más personas deprimidas, estresadas y enfermas, individuos que depositan en el entorno la responsabilidad de su bienestar y que no entienden ni cómo ni por qué se encuentran en una absoluta falta de sentido si la felicidad pareciera encontrarse «a la vuelta de la esquina». Me atrevo a afirmar que una de las mayores satisfacciones de la vida consiste en la libertad, y una de las libertades más difíciles de conquistar es la libertad emocional.

Como lo dije antes, las personas, como seres deseantes, tenemos dimensiones contradictorias: queremos esto y lo otro; necesitamos algo, pero deseamos otra cosa; podemos hacer ciertas cosas, pero intentamos conquistar otras. Es imposible reducir lo complejo a lo simple. Todos somos complejos, y cuanto más nos relacionamos, **más complejos** nos volvemos.

La vida es una peregrinación, un viaje y, en cierto sentido, una aventura. En los viajes, siempre se presentan encrucijadas, aunque planees los caminos que deseas tomar: ¿para dónde seguir? ¿Qué dirección elegir? Estás obligado a decidir, de ahí el dilema: la libertad es un derecho y una responsabilidad ineludible. Las directrices que facilitarán tus decisiones son los sueños que alimentas, dado que estos representan tus deseos, intereses y necesidades profundas. Los sueños deben estar en consonancia con tus valores para que tengan una congruencia y consistencia dentro y fuera de ti. Por último, debes poseer o desarrollar las capacidades necesarias para adquirirlos; se pueden querer muchas cosas, pero no todas se pueden lograr.

«Quiero, debo, puedo y me sostiene» es el cuarteto que te permite integrar sueños, valores y competencias personales. Pasión es lo que quieres; tu misión es lo que debes hacer y beneficia al mundo; tu vocación es lo que puedes hacer, pues tienes competencias y habilidades para llevarlo a cabo; por último, tu profesión será la vía a través de la cual integrarás las anteriores y generarás un sustento.

Sí, estos indicadores te facilitarán, junto con un diálogo interno, la elección del camino a seguir que te genere automotivación. Si encuentras el equilibrio entre esas cuatro directrices, podrás –como decía el filósofo alemán Friedrich Nietzsche– crear un destino que puedas amar; solo un camino elegido y amado por ti generará el incentivo suficiente para recorrerlo. Habrá, sin duda, días de poca motivación, pero ellos no te impedirán perseverar y encontrarás las actitudes y acciones concretas para no darte por vencido; mantendrás la confianza de que tarde o temprano, aun teniendo que replantear decisiones previamente tomadas, avanzarás con satisfacción personal y paz interna.

Tu vida, la única vida que tienes, debe ser vivida plena y profundamente, intentando acumular tan pocos motivos de arrepentimiento, malestar y resentimiento como te sea posible.

¿Qué puedes hacer hoy para que, dentro de un año, o cinco, o diez, no sientas una desazón respecto a lo que te arrepientes al mirar atrás? La respuesta a esta pregunta es un buen comienzo para automotivarte. Eres un ser social, has aprendido de los demás, has crecido con ellos, ellos en algún momento te han facilitado el camino o te lo han complicado, pero eso no disminuye la fuerza de tu propia persona ni la responsabilidad de hacerte cargo de tu vida. Por el hecho de ser reflexivo y consciente, constituyes una síntesis única e irrepetible de todo lo que captas, sientes, entiendes y amas. Lo que tú emprendas nadie podrá elegirlo ni asumirlo por ti. Puedes buscar apoyo y asesoramiento, pero no delegar tu responsabilidad ante la vida.

La automotivación se sustenta en los valores, intereses y deseos que dan significado a la vida. La experiencia de tener un propósito en la vida es el hilo que da sentido e intención a nuestro existir. Pero ¿qué quiere decir construir una vida significativa? Los significados se refieren a situaciones únicas, así como a las igualmente únicas personas que cada uno de nosotros somos.

El ser humano se caracteriza por su búsqueda de significados más que por la búsqueda de sí mismo. Cuando más se olvida de sí mismo entregándose a una causa o a otra persona, alineado con sus valores y sumando sus competencias personales, más humano se hace.

El ser humano tiende a buscar la trascendencia. Todos tenemos una necesidad de proyectarnos a futuro. El más evidente deseo de esto es biológico y puede llevarse a cabo mediante los hijos, o bien, con la donación de órganos, por ejemplo. Pero también podemos trascender a través de los valores y las acciones que inevitablemente se propagan de generación en generación. Lo trascendente es, por tanto, comunitario: el ser humano es un ser social y, en este sentido, nunca muere en realidad porque siempre queda en la mente de los demás. Si no buscamos lo imposible, jamás conseguiremos lo posible.

Existen tres caminos que pueden ayudarte a dar sentido a tu vida. Cada uno de ellos puede ser independiente; pero, sin duda, los tres se enriquecen si están interconectados. Asimismo, vistos cada uno por separado, pueden ser estadios del proceso a seguir para reconocer tu propia misión y adquirir sentido y significado en tu vida.

Puede ser desesperante ver que tu edad avanza y sentir que tus sueños no se están haciendo realidad; este desasosiego se incrementa si piensas que no hiciste nada por concretarlos. Vivir en forma parcial es insatisfactorio, pues sofocas tus sueños de felicidad y realización. Es como sentir que el tiempo corre y la vida se te escapa entre las manos.

¿Cuál es tu sueño, aun en los momentos de zozobra? ¿Qué esperanza transmites a quienes son más jóvenes que tú? ¿Qué visiones del futuro ocupan tu mente? ¿Qué cuidado tienes con lo que te rodea? ¿Qué hermandad proyectas a quienes están cerca de ti? ¿Cómo usas tus habilidades, competencias y recursos? ¿Qué te estimula en el día a día porque llena tu vida de sentido y satisfacción?

a) El porqué de un proyecto de vida

Desde mi experiencia, lo que me sostiene, me motiva y da sentido a mi existir es mi proyecto de vida. Ha sido una creación, paso a paso, a lo largo de los años, que logra conjugar *mis pasiones, mi misión, mi vocación y mi profesión.* Sin duda, los hijos, la familia, las amistades y los vínculos valiosos dan significado y amor a mi existencia, pero no vivo para nadie en particular como mi único proyecto vital. ¿No sería depositar demasiado peso e inadecuada responsabilidad en alguien que ha de construir su propio camino? El amor existe en diferentes «presentaciones» y tiñe la vida de color y abraza al corazón con su calor, pero no nos libera de la tarea de construir un proyecto de vida personal.

Debemos entonces plantear, como efecto y también como causa de la automotivación, la creación de un proyecto de vida personal. Este nos dará sentido de vida, *desplegará nuestras capacidades y recursos, integrará nuestros deseos, sueños y necesidades, y honrará nuestros valores.* A través de él contribuiremos a *la creación de un mundo mejor,* al tiempo que generamos una forma digna y estimulante de *ganarnos la vida.* La aceptación de todo esto facilita la conquista de la autonomía emocional y de la independencia económica. La segunda no garantiza la primera, pero sin ella no hay modo de alcanzar la autonomía emocional.

Construir un proyecto de vida personal no significa cambiar de personalidad ni ir en contra del propio estilo, sino tan solo reacomodar el «programa subjetivo» que tenemos instalado y que, en ocasiones, nos atasca emocionalmente, además de desarrollar una dosis importante de creatividad para generar otro proyecto que aún está por venir.

Hay seis pasos que debemos considerar para poder desarrollar un proyecto de vida.

Paso 1. Conocer nuestros sueños y valores. Debemos identificar primero aquello que nos mueve internamente para actuar, tanto anhelos que no hemos podido realizar como valores que consideramos principios rectores de nuestro actuar. Sin claridad sobre lo que profundamente honramos y deseamos, es difícil tener una directriz de acción. Los anhelos o sueños profundos responden quizá a deseos legítimos de seguridad, estabilidad, paz y orden, y pueden tener alguna relación con aprendizajes tempranos o experiencias infantiles –tanto de carencia como de abundancia– que queremos honrar. Cada persona –debido a su historia, contexto e incluso personalidad– tiene valores distintos sobre los que basa sus decisiones. Para identificarlos podemos echarnos un clavado a nuestra historia, recuperar los momentos en que nos hemos sentido orgullosos de nosotros mismos, revisar las decisiones difíciles que hemos tenido que tomar y los efectos de estas en nuestra vida. De estas reflexiones podemos rescatar las motivaciones que rigen nuestra vida y podremos seguir con el paso siguiente.

Paso 2. Definir metas a largo plazo que manifiesten nuestros anhelos y valores fundamentales. Este paso consiste en identificar lo que queremos lograr en las distintas áreas de nuestra vida: personal, amorosa, familiar, económica, social, laboral, recreativa, entre otras. No todas estas áreas tienen la misma importancia a lo largo de la vida ni en determinados momentos de esta, pero de una u otra forma todas requieren cierta atención para lograr un desarrollo armónico y un equilibrio personal, ya que todas se correlacionan influyéndose mutuamente. Alinear nuestras metas con nuestros anhelos y valores fundamentales generará en nosotros mayor motivación para actuar y un efecto satisfactorio ante los logros conquistados. Sin metas claras basadas en valores será difícil afrontar las dificultades que se llegan a presentar en el trayecto y desplegar los recursos necesarios para sobreponernos.

Paso 3. Conocer nuestra realidad actual, tanto interna como externa. Para alcanzar nuestras metas, tenemos que conocer nuestro punto de partida: identificar el territorio que atravesaremos y las herramientas con las que contamos para el recorrido. Por tanto, insistimos en la necesidad de alinear nuestras aspiraciones a las circunstancias y posibilidades reales como requisito fundamental en la construcción de un proyecto de vida. Todas las personas tenemos fortalezas, recursos, habilidades y destrezas, pero también limitaciones y deficiencias; todas entran en juego en nuestro actuar y reconocerlas nos hace iniciar con los recursos que necesitamos, sustentados en posibilidades reales. También debemos tener claro el «mapa» del territorio que recorreremos; es decir, la situación en la que nos encontramos, el contexto y las circunstancias puntuales que nos condicionan. Esto incluye las oportunidades y las limitaciones del ambiente que nos rodea, desde la familia, hasta nuestro momento laboral, pasando por nuestra comunidad y nuestro país. Una vez conscientes de nuestra realidad interna y externa, nos preparamos para la acción.

Paso 4. Definir planes de acción para cada una de nuestras metas. Identificando los anhelos y valores que nos motivan, habiendo planteado las metas que queremos alcanzar y teniendo claros nuestros condicionamientos internos y externos, estamos listos para definir los pasos que debemos dar para iniciar el trayecto. Es importante desglosar nuestras metas a largo plazo en objetivos a mediano y corto plazo, así podremos identificar los recursos concretos que debemos tener para lograr cada una de ellas. Los objetivos a mediano y corto plazos son una especie de andamiaje que nos permitirá acercarnos a nuestras metas vitales. Estos objetivos intermedios implican planes de acción concretos que nos clarificarán la ruta, los tiempos y los recursos necesarios para emprender el trayecto. No tenemos el control de todo, pero sí requerimos una guía para iniciar el trayecto, aun cuando esta se revise y replantee a lo largo del camino.

Paso 5. Tomar acción. A caminar se aprende caminando, así que ninguna planeación es suficiente si no la ponemos en acción. El llevar a la práctica lo planeado con la mirada puesta en metas claras y la motivación apoyada en los valores personales es el último paso para desplegar el proyecto de vida personal.

Paso 6. Aprender de la experiencia y ajustar. Por más que hayamos preparado el viaje, habrá cosas que redefiniremos durante el trayecto y replantearemos desde la experiencia. Habrá cambios, errores y ambivalencia, todo es parte del aprendizaje y del crecimiento mismo. Una cosa es el mapa que diseñamos, pero otra es el territorio que estamos recorriendo. Incluso los valores que nos motivaban en un inicio pueden tomar mayor o menor relevancia durante el caminar; habrá, por tanto, que replantear metas y redireccionar la ruta. Además, el contexto está en un constante cambio y nos impacta al mismo tiempo que nosotros generamos impacto en él. Todo esto lo aprenderemos y lo modificaremos mientras continuamos caminando, obteniendo logros y asimilando la experiencia.

Pocas cosas generan tanta automotivación como un proyecto basado en las propias pasiones, en la misión descubierta, con la vocación asumida y con la profesión elegida.

3.3. HABILIDADES INTERPERSONALES

La comunicación auténtica

Así como no es posible no sentir, tampoco es posible no comunicar. Todo comportamiento es una vía de comunicación, ya sea a nivel verbal o no verbal: uno comunica incluso en el silencio mismo; no decir, dice mucho. Lo que decimos es comunicación, lo que no decimos también lo es y, además, la forma en que nos relacionamos con los demás también es comunicación, la cual implica expresar lo que pensamos y sentimos acerca de los demás, así como sobre nosotros mismos. Por eso la comunicación es un proceso poderoso mediante el cual nos influimos mutuamente.

Es común que se generen grandes complicaciones cuando conversamos con los demás, ya que, por un lado, podemos creer que sabemos todo lo necesario para comprender lo que le está sucediendo al otro –creer, con base en nuestro modelo mental, que nuestra interpretación es «la verdad» nos impide escuchar con atención y cuestionar con genuina honestidad– o, por otro lado, podemos tener dificultad para expresar con claridad lo que sí es nuestra verdad. La inteligencia emocional implica cooperación y solidaridad, todo lo contrario a la arrogancia moral.

En particular, en situaciones conflictivas el objetivo de la comunicación auténtica es permitir que los otros sepan cuál ha sido el impacto de sus acciones sobre nosotros e indagar por qué motivo actuaron así. Recíprocamente, necesitamos investigar para saber qué impacto tuvieron nuestras acciones sobre ellos y revelar el razonamiento que hay detrás de ellas. Yo puedo tener buenas intenciones y el otro también, pero nuestras acciones son las que en realidad impactan a los otros.

Una charla productiva incluye:

1. Crear un contexto de respeto mutuo en un lugar apropiado para llevar a cabo la conversación.
2. Conocer la perspectiva del otro y empatizar con ella.
3. Expresar nuestra perspectiva de manera asertiva, incluyendo opiniones y sentimientos.
4. Afrontar la situación conjuntamente.

a) La empatía

La empatía es una importante habilidad comunicativa que facilita el encuentro humano, la unión y la intimidad. La empatía también ayuda a la adaptación en tanto que permite actuar de forma socialmente congruente al estado emocional y a las necesidades de los otros. Algo que caracteriza a la sociopatía es la incapacidad de resonar emocionalmente con los demás; por tanto, la empatía, al ser lo contrario, implica actitudes de intuición, responsabilidad y conexión. Como todo proceso de comunicación, la empatía implica un juego entre quien escucha y quien habla en el que debe existir la escucha activa por parte del primero y habilidades asertivas –de las que hablaremos a continuación– del segundo.

Si bien en la empatía hay un reconocimiento y un entendimiento de lo que experimentan los demás que permiten ponerse en su lugar, la persona empática no pierde su propia personalidad ni confunde sus propias emociones o sentimientos con los de los otros. Además, ser empático no supone necesariamente tener las mismas opiniones y formas de pensar ni estar de acuerdo con el modo en que el otro interpreta las situaciones afectivas que está viviendo. Por eso no sobra insistir en que esta habilidad comunicativa implica la capacidad para diferenciar los estados afectivos de los demás de los propios, así como la habilidad para tomar distancia, tanto emocional como cognitiva, respecto a la persona que expresa su estado afectivo.

Los componentes de la empatía son principalmente la escucha activa, el entendimiento y el apoyo emocional. Estos se desarrollan a través de los siguientes pasos y con las herramientas sugeridas:

1. ***Saber escuchar.*** Tal vez la parte más importante de cualquier conversación es escuchar activamente a las otras personas. Prestar atención a lo que explica o argumenta el otro y no interrumpirlo es central para esclarecer por qué esa persona piensa y siente de tal manera. Mirar a la cara, asentir con la cabeza o reflejar expresiones faciales congruentes con aquello que se está explicando da cuenta de que estamos siguiendo la conversación. Si es necesario, para mostrar interés y obtener mayor claridad, se debe pedir detalles sobre el contenido del discurso a quien está hablando. Nuestras inferencias sobre lo que el otro piensa y siente son interpretaciones que deben corroborarse con nuestro interlocutor.
2. ***Reconocimiento.*** Aun cuando no podemos observar el estado interno de la otra persona, podemos percibir ciertos signos externos como sonrojo, puños apretados, ojos cristalinos, que nos dan información extra de cómo se encuentra. Atender los mensajes paralingüísticos como la entonación, el tiempo de respuesta, el volumen, entre otros, facilitará el reconocimiento de la experiencia del otro. La escucha activa y el reconocimiento en su conjunto nos permitirán ir tejiendo la comprensión característica de la empatía.
3. ***Mostrar comprensión.*** Podemos mostrar comprensión congruente hacia aquello que nos explican a través de frases como: «Entiendo lo que me expresas» o «Imagino cómo te sientes». No se deben invalidar, rechazar o juzgar las emociones expresadas. Si cuestionamos inadecuadamente lo que el otro siente, este puede sentirse juzgado, no comprendido ni respetado, lo cual puede

ocasionar que se cierre ante nosotros o que incluso dude de sí mismo.

4. *Aceptación.* La propia actitud serena y equilibrada provoca un efecto mitigador en nuestro interlocutor. Cuando una emoción se expresa y no se encuentra con una actitud defensiva que la intensifique, se debilita y se disipa con más facilidad.
5. *Indagación.* Cuando la emoción pierde intensidad, se puede indagar más sobre la experiencia emocional de nuestro interlocutor con el fin de que él mismo se aclare, se comprenda mejor y exprese con mayor habilidad sus emociones. La clave está en ayudarlo a exponer sus necesidades e intereses de modo que nos permita entender cómo apoyarlo. La empatía permite influir en los demás, pero no manipularlos. Cuando indagamos productivamente, generamos un ambiente de interés, aceptación, contención y colaboración.
6. *Prestar ayuda emocional si es necesario.* Es importante preguntar siempre a nuestro interlocutor si necesita algún tipo de ayuda, pero repito: en muchas ocasiones con el simple hecho de escuchar activamente se le permite «ventilar» y gestionar su estado emocional. Esta actitud muestra nuestro interés en brindar un apoyo desinteresado y consuelo de forma oportuna.
7. *Contener.* Si la exacerbación emocional se potencia, entonces habrá que poner ciertos límites adecuados a la expresión, de tal manera que el otro pueda tranquilizarse y aprenda a autocontenerse para reflexionar.

Es posible ser empáticos sin haber vivido una situación emocional semejante a la que se está expresando, pero cuando existe esa similitud, el proceso comunicativo tiende a ser más fluido, ya que se produce una mayor sintonía emocional. Claro, siempre y cuando quien esté escuchando haya trabajado su propio proceso emocional. Por otro lado, ser empático implica también saber hasta dónde nuestra ayuda alcanza su límite, y es válido sugerir a la persona una consulta, o bien un proceso terapéutico: la presencia de sentimientos persistentes, así como una imposibilidad de procesar la experiencia emocional, aun habiéndola compartido, son indicadores de que la empatía no es suficiente para que la persona a quien se escucha pueda salir del malestar.

Practicar la empatía no solo beneficia al hablante. Quienes han desarrollado esta habilidad tienden a ser personas que disfrutan más de las relaciones sociales, pues entienden los pensamientos y sentimientos de los otros, aceptan las opiniones ajenas y aprecian las preocupaciones de los demás como valiosas e importantes. La empatía también permite ampliar las propias perspectivas y, con ello, enriquecer nuestro mundo con nuevas ideas, puntos de vista y oportunidades. Todo esto posibilita dar un peso adecuado a las cosas y resolver mejor los conflictos que la vida presenta.

La persona empática, dado que es más respetuosa y compartida, gana en carisma y atractivo, lo cual siempre le facilitará la construcción de relaciones sólidas y ricas, así como el desarrollo de competencias como la colaboración, la negociación y el liderazgo.

b) La asertividad

La asertividad es otra habilidad comunicativa que nos permite presentar nuestro punto de vista a los otros con la mayor efectividad posible. Su finalidad no es convencer a los demás de que tenemos razón, sino ayudarlos a comprender por qué pensamos y sentimos como lo hacemos, además de hacer respetar nuestras necesidades, deseos, intereses y valores. La asertividad requiere valentía: nuestro amor por la verdad y el respeto a nosotros mismos debe estar por encima del deseo de poner a salvo la propia imagen.

Por lo general no decimos –ni debemos decir– todo lo que pensamos. Sin embargo, hay momentos y espacios donde ocultar los verdaderos pensamientos y sentimientos puede tener consecuencias negativas (para uno, para los demás o para el logro de un objetivo propio o común). Cuando poseemos contenidos que son complejos de expresar, por la razón que sea, tendemos a guardarlos, lo cual merma nuestro bienestar, o, por el contrario, los «escupimos» inadecuadamente.

Veamos las diferentes estrategias con que las personas se comunican:

1. *Pasividad o no asertividad.* Es aquel estilo de comunicación propio de personas que evitan mostrar sus sentimientos o pensamientos por temor a ofender, ser rechazadas o incomprendidas. Infravaloran sus propias opiniones y necesidades y dan un valor superior a las de los demás. Guardarse lo que uno piensa y siente ayuda a evitar enfrentamientos inmediatos, pero no genera soluciones, pues impide descubrir y afrontar las dificultades. Como efecto de esta comunicación, las relaciones interpersonales se dañan, buscamos alejarnos ante la incapacidad de manifestarnos, o bien vivimos con recelo, depresión, ansiedad y síntomas físicos como las migrañas. Hay un límite respecto a la cantidad de frustración que un individuo puede almacenar dentro de sí mismo.

   En la conducta pasiva ocurre una transgresión de los propios derechos cuando la persona no es capaz de expresar abiertamente sentimientos, pensamientos y opiniones, o al expresarlos de una manera autoderrotista, con disculpas o falta de confianza, de tal modo que los demás tiendan a no hacerle caso. El que recibe la comunicación no asertiva puede experimentar también una variedad de consecuencias desfavorables. Tener que inferir con frecuencia lo que está diciendo en realidad la otra persona o tener que leer sus pensamientos es una tarea difícil y abrumadora que puede dar lugar a sentimientos de frustración, molestia o incluso ira hacia aquel que se está comportando así; esto sin mencionar los errores y las complicaciones que implica «adivinar» al otro.

2. *Agresividad.* Este estilo de comunicación se sitúa en un plano opuesto a la pasividad. Se caracteriza por la sobrevaloración de las opiniones y sentimientos personales, obviando o incluso despreciando los de los demás. Y como en algún momento tenemos que liberarnos de ellos, salen en forma de ira dirigida a la persona equivocada. La agresividad es una defensa de los derechos personales y una expresión de los pensamientos, sentimientos y opiniones de una manera inapropiada e impositiva que, además, transgrede los derechos de los demás. La agresión puede ser verbal, desde ataques frontales hasta comentarios indirectos con sarcasmos y murmuraciones maliciosas, pero el componente no verbal también puede manifestarse a través de gestos hostiles o amenazantes, como esgrimir el puño o lanzar miradas intensas, sin dejar de mencionar las ocasiones en que se llega incluso a los golpes. La comunicación agresiva también llega a dirigirse hacia otras personas u objetos que ni siquiera están involucrados en el asunto. Cabe mencionar que, para estas personas, «vomitar» sus malestares genera bienestar. No está de más decir que esta comunicación, al igual que los desechos tóxicos que contaminan el medio ambiente, aunque genere «bienestar» inmediato, también produce hostilidad, impide la solución de los problemas y destruye el respeto mutuo.
3. *Asertividad.* ¿Qué hacer para no descargar ni tragar los «desechos tóxicos»? La asertividad es un concepto aportado por la psicología moderna; desarrollarla implica la comprensión y el mejoramiento de las relaciones

sociales, lo cual es una habilidad clave de la inteligencia emocional. La asertividad se define como una conducta que permite a una persona expresar sus pensamientos, sentimientos y creencias, haciendo valer sus propios derechos de forma abierta, directa, congruente, clara y apropiada, sin violentar los derechos de los demás, pero legitimando sus necesidades, valores e intereses. La asertividad, si bien actúa a favor de los intereses propios, no niega los derechos de los demás.

La conducta asertiva se desarrolla a través de una actitud abierta al aprendizaje y aprovechando las oportunidades para practicarla. A través de ella aceptamos que la postura de los demás no tiene por qué coincidir con la nuestra, manejamos la tensión que generan las diferencias y aprendemos a negociar.

Hacer uso de la asertividad nos permite evolucionar desde la perplejidad, la frustración y el miedo a la reacción de los demás para llegar a un nivel en el que podamos expresar nuestra voz con firmeza, pararnos con fuerza sobre nuestros pies e iniciar los cambios necesarios para encontrarnos más satisfechos en nuestro medio.

Otras habilidades sociales

La inteligencia emocional incluye otras habilidades sociales. Para iniciar un intercambio interpersonal exitoso, ya sea para ascender en el trabajo, para estrechar los lazos familiares, para iniciar una relación amorosa o para alimentar los encuentros amistosos, debemos cultivar diversas habilidades socioafectivas que faciliten el objetivo deseado en cada interacción.

Comencemos por considerar que la primera impresión en los acercamientos iniciales puede hacer que la persona que nos interesa esté dispuesta, en un primer momento, a mirarnos, escucharnos y sentir curiosidad por nosotros. Luego, en una etapa posterior, podría interesarse en nosotros o en nuestra propuesta. De aquí la importancia de considerar algunas habilidades sociales que facilitan que los encuentros sean gratos, relajados e incluso productivos. Para ello debo hablar de la seducción en el sentido más amplio de la palabra.

La **seducción** puede ser usada como una excelente estrategia para crear un clima interactivo que facilite las relaciones, tanto para un primer acercamiento como para sostener con solidez los intercambios posteriores. De hecho, la seducción es el ritual interactivo en virtud del cual una persona es capaz de provocar interés en otra y, en ciertas circunstancias, interés erótico. Por eso es tan importante reconocer sus distintos componentes y entrenarnos para utilizarlos de forma adecuada cuando sea necesario.

Seducir no es manipular ni engañar para conseguir lo que se quiere. La seducción es un modo de interacción; es un querer atraer al otro para que se fije o, mejor dicho, se sienta interesado por nosotros y por nuestras propuestas, lo cual nos permitirá introducirnos en su vida, en su memoria y en sus proyectos. Por eso decimos que seducir es la habilidad social por excelencia, pues nos permite crear vínculos en donde hasta ese momento dos personas no tenían puntos de intersección o coincidencias.

A través de estas estrategias ponemos en juego *el conjunto de nuestra personalidad,* usamos a nuestro servicio los atributos personales: la simpatía, el don de gentes, la capacidad de verbalizar, la inteligencia creativa, entre otros, para acercarnos a los demás y resultar interesantes, valiosos y atractivos. Todos tenemos diversos atributos personales y debemos ponerlos en marcha en nuestras interacciones. Es justamente en el manejo de nuestras diferencias y características únicas donde reside el estilo, el toque, la elegancia, así como la singularidad de la forma de seducir de cada uno. Aunque la seducción es algo natural, también puede ser aprendida, lo cual es importante tener en cuenta. Entonces cabe preguntarnos: ¿cuáles son las habilidades que nos ayudan a resultar socialmente inteligentes? Veamos, pues, a modo de ejemplo, algunas de ellas:

1. *Despertar el interés* en los otros es diferente a forzar la interacción. La presión, la insistencia y la demanda excesiva la dificultan y se convierten en acoso. A veces hacer un cumplido sincero y sencillo genera una sensación positiva. Dar al mismo tiempo una salida que no haga al otro sentirse atrapado es relajante. Puedes decir algo como: «Estaba a punto de irme, pero no quería salir sin decirte que me llamó la atención la forma en que manejaste esa junta». Llamas la atención, despiertas interés y marcas un límite a tu presencia.
2. *No se trata de impresionar con la apariencia, sino con la esencia,* pero la esencia se expresa en la manera en que nos comportarnos y nos manifestamos. De poco sirve la esencia si no sabemos transmitirla con la apariencia; por tanto, debemos cuidar cómo nos presentamos.
3. Para transmitir quiénes somos se requiere ser ***auténtico.*** La autenticidad entendida como sinceridad, integridad y nobleza facilita los intercambios. Si actuamos desde la falsedad, no sabremos si nos aceptan por lo que somos o por lo que aparentamos, lo cual no solo crea contradicción, sino que genera una duda sobre no ser merecedores del éxito y poder ser «descubiertos» en cualquier momento. La honestidad nos permite ser transparentes respecto a lo que somos y a lo que no somos, lo que queremos y lo que no queremos, lo que podemos y lo que no. Mostrarnos con autenticidad resulta muy atractivo.
4. Para expresar la esencia se requiere también cierto *don de la palabra*. Tener algo que decir da cuenta de nuestra inteligencia, querer compartirlo muestra determina

ción y manifestarlo en la conversación es un ejercicio de voluntad. Por tanto, no se trata de hablar mucho, sino de hablar bien.

5. *Lo aburrido jamás resulta atractivo.* Si bien el arte de la seducción se da en el territorio del juego –y por ello puede funcionar o no–, ese juego no puede ser irrelevante. Lo que se comunica al otro debe tener alguna importancia, alguna relevancia. Una relación divertida hace a uno estar pendiente y concentrado en ella. A veces encontrar algunos puntos de afinidad facilita generar conversaciones elocuentes e interesantes. Asimismo, deja ver diferencias que pueden resultar curiosas e intrigantes para la otra persona. No se trata de pretender que en todo se asemejen, ni tampoco perturbar en demasía con las distinciones, pero sí de converger en algunos temas de mutua coincidencia e interés.
6. *La seducción debe generar cierta intimidad.* Para ser creíble y despertar interés en los demás, hay que mostrar algo de uno mismo. Un cierto intercambio de debilidades –sin excesos– hace estimulante y significativa la relación; de lo contrario, estaríamos en una cena de negocios que informa solo datos duros. Mostrarnos un poco y pedir a la otra persona que nos comparta algo de su interioridad genera conexión. Para esto es importante aprender a abrirnos; revelar cierta información personal facilitará este clima íntimo y el conocimiento mutuo. Esta intimidad debe ser graduada: ni demasiado pronto, ni mucha información. Se trata de ser sincero, pero sensato.
7. *No se intenta modificar al otro, menos aún controlarlo;* por el contrario, se le demuestra que en ese momento es único y así se le trata. El otro es un sujeto único. Se puede querer atraer al otro mediante la fascinación, pero esta es sinónimo de parálisis y dependencia; otra forma de lograr retener a alguien es mediante la agresión,

la cual no necesita sinónimos. Los comportamientos como el control, la hipervigilancia, la sobreprotección, los reclamos y los chantajes no son habilidades sociales, sino todo lo contrario: generan hostigamiento, enojo y el deseo de mantener distancia.

8. *La seducción es interactiva,* es decir, debe darse a través de un intercambio. El otro debe ser invitado a participar en esa acción. Por tanto, en el intercambio se le integra en una conversación, en una acción. No es dar clase, ni rendir cátedra. Lejos de verlo como un mero objeto ante el cual uno se exhibe y se «pavonea», se le involucra para intercambiar información, ideas, sensibilidades.
9. *La eficacia personal* es tener aplomo ante la adversidad, junto con la capacidad para resolver problemas. Surge de la asimilación positiva de las experiencias vividas: todo fracaso bien digerido es un elemento que nutre el nivel de confianza en las propias posibilidades. Ser eficaz es vivirse como agente proactivo de la propia vida. La actitud victimista produce lástima e incluso enojo, pero no es interesante. Si uno quiere acercar a los demás, debe mostrarse responsable y activo frente a su vida y circunstancias. No culpar a los demás por sus propias desgracias, sino asumir la responsabilidad de las propias acciones. La suerte está ligada a la actitud.
10. *Ser positivo.* Detectar el lado bueno de las cosas que casi siempre existe, encontrar soluciones asequibles a los problemas, preferir la acción al lamento y el fracaso a la frustración. Equivocarse y rectificar. Saberse imperfecto y perfeccionarse. Es más, saber reírse de uno mismo y de ciertas situaciones desafortunadas da cuenta de cierto relajamiento y de seguridad personal. El humor genera estados de positividad y nos libera de estar muy al pendiente de impresionar y perder la brújula. Ser positivo se puede conquistar poco a poco con cierto esfuerzo; además, la práctica del sentido del humor

es una herramienta para acercarse a los demás y vivir con mayor ligereza.

11. *La apariencia física es fundamental.* No se trata de ser una persona guapa o fea según los criterios convencionales, no hace falta ser un actor de Hollywood; me refiero a cómo uno se sitúa en el mundo. Así, cuando la persona se vive de forma gozosa y creativa, y también cuando cuida su aspecto y trata de gustar, lo conseguirá.
12. *Manejar cierta proximidad física.* El contacto físico es una forma de comunicación que muestra capacidad de acercamiento e interés por el contacto. La extrema frialdad física transmite distancia y temor a acortar el alejamiento con el otro. Un suave roce con la mano o tocar el brazo levemente permite mostrar que no se teme al acercamiento físico, sino que, por el contrario, se está abierto a él.
13. *Generar estados emotivos* de relativa intensidad, emociones suficientemente fuertes, que den relevancia a la interacción y resulten conmovedoras. El contagio emocional nos ha permitido sobrevivir como especie: reírnos, entristecernos, conmovernos por algo, ser sensibles a las situaciones. La música, las luces, ciertos olores o conversaciones emotivas facilitan la sensibilización. El acercamiento es más fácil cuando se activan sensibilidades y afectos.
14. *Cierta incertidumbre,* cierta inestabilidad, hacen del intercambio un juego estimulante. Esto no significa tener a los demás colgando permanentemente en «la cuerda floja», pero sí en la realidad de la incertidumbre natural que se da en toda relación. Se trata de mostrar interés, claro, pero también de mostrarse exigente.
15. *Poner límites* claros es también una fuente de atracción, por lo que no hay que mostrarse demasiado «rogón» o complaciente, sino sostener una cierta oposición o distancia «crítica». Aunque estemos interesados en esa interacción, no debemos estar incondicionalmente dispuestos. Parecer demasiado necesitados aleja a los

demás. Los límites invitan a explorar, a ir más allá. Si se es por completo permisivo o tolerante en exceso, se deja de ser deseable.

16. *Integrar cierto matiz transgresor.* Siempre resulta interesante aquel que puede invitar al otro a vivir una cierta transgresión y rebeldía, algo –si se quiere– un tanto «vergonzoso». A veces proponer un plan concreto que implique desafiar horarios, proponer una reunión en un lugar algo excéntrico, incluso plantear la posibilidad de un viaje de interés común. La corrección política es eso, correcta, pero no persuasiva.

De todos los diversos procedimientos que existen entre los seres humanos, no solo para atraer, sino para crear vínculos y lograr lo que nos proponemos, sin duda, la seducción es el más eficaz. Para cerrar este inciso y posicionarnos de manera realista en cuanto a las habilidades sociales es importante recordar que incluso si aplicamos como debe ser estas estrategias de interacción, no siempre lograremos generar interés, y aunque las apliquemos mal, no necesariamente significará un rechazo. De cualquier modo, «la práctica hace al maestro». Así, a mejor uso de estas prácticas, mayor desarrollo de nuestras habilidades sociales y, al mismo tiempo, de nuestra inteligencia emocional.

3.4. LA MADUREZ EMOCIONAL

> La emoción que puede romper tu corazón es a veces la misma que lo sana.
>
> NICHOLAS SPARKS

Por fortuna hoy casi nadie se escapa de llegar a la mayoría de edad cronológica y a mucha mayor longevidad, pero en cambio pocos llegan a alcanzar la madurez emocional.

Y ¿qué es la madurez en general y cómo conecta con la madurez emocional? La persona madura, en términos generales, es aquella que logra armonizar sus acciones con sus procesos reflexivos. Tiene la capacidad de autocriticarse en favor de su mejoramiento. Trabaja por comprenderse a sí misma y al mundo que la rodea. Tolera –en términos generales–la frustración y puede postergar la gratificación hedónica inmediata; asimismo, desarrolla la resistencia necesaria para atravesar al sufrimiento propio de la vida. También tiene la capacidad de superar con éxito los problemas y dificultades que se le presentan en los distintos ámbitos de la vida cotidiana, y de aprender del fracaso.

Nadie nace maduro. Todos empezamos la vida teniendo un carácter más o menos inmaduro o reprimido; por tanto, la madurez es la consecuencia de un proceso de evolución. Pero evolucionar no es cuestión solo de tiempo y menos de suerte, evolucionar es el efecto de un persistente esfuerzo de desarrollo en el que *las malas experiencias de la vida se asimilan bien* y, por tanto, aportan crecimiento. Entonces, no es que resolvamos los problemas porque somos maduros, sino que maduramos con el aprendizaje que nos aporta la resolución de los problemas que afrontamos. ¿Acaso esto no es lo que hemos estado trabajando en este libro? ¿Podríamos afirmar que algo que define de manera sustancial la madurez es, pues, la inteligencia emocional?

Ya dijimos que la mayoría de las personas experimenta en la infancia y en la adolescencia algunos sucesos que –de una u otra manera– la lastima psicológicamente. Estas vivencias tienden a agudizarse en la primera juventud, para superarse –o cronificarse– a partir de los 30 años, según la capacidad de la persona para gestionarlas oportuna y constructivamente. Si el sujeto implicado tiene la capacidad de autocriticarse, entender lo que le ocurrió y tomar cartas en el asunto, irá madurando. Pero si, lejos de utilizar su energía para superarse, culpa a los demás, se victimiza y no toma las riendas de su vida, entonces se neurotizará, cronificando, así, sus problemas infantiles en laberintos adultos sin salida.

De aquí surgen las estructuras emocionales rígidas, ya sean seguras o inseguras, o bien, flexibles pero llenas de inseguridad. Quien desarrolla una estructura emocional flexible pero segura es aquel que logra con éxito la tarea de conquistar la madurez. Las circunstancias nos condicionan, sí, pero no nos determinan: siempre existe un espacio para el ejercicio de la libertad, para que lo que nos ha tocado vivir pueda ser reinterpretado, aceptado, manejado, transformado, superado e incluso aprovechado.

Atravesar a cabalidad el proceso hacia la madurez genera en nosotros el desarrollo de los siguientes rasgos:

- *Autonomía.* Elegir desde nuestro propio pensamiento sin dejar de tomar en cuenta lo que el entorno señala.
- *Coherencia.* Gestionar las contradicciones internas, lo cual aumenta la propia seguridad.
- *Responsabilidad.* Adoptar compromisos y asumir las consecuencias de nuestros actos.
- *Seguridad.* La solidez que aportan los rasgos anteriores nos permite desarrollar un comportamiento estable, fiable y previsible. Además, la seguridad adquirida nos facilita asimilar los éxitos y los fracasos sin que nos afecten en exceso.
- *Adaptabilidad.* Nos permite sentirnos cómodos en diversas situaciones y con distintas personas.

Sin pretender generar una tónica moralista, sino más bien descriptiva, debemos asumir que todo esto desemboca en la dificultad que implica aceptar la responsabilidad de ser adultos, prefiriendo un infantilismo psicológico que exonera de la pesada carga de asumir deberes. Además del temor al compromiso emocional –por el temor a sufrir–, también escasea la fuerza de voluntad necesaria para actuar responsablemente en las demás facetas de la vida, lo cual dificulta la realización de cualquier tarea que precise esfuerzo y perseverancia.

Así, lo opuesto a la madurez sería:

- *Parálisis emocional.* Falta de coherencia entre lo vivido y lo expresado. Las emociones se atrofian: no se expresan en la misma forma en que se experimentan. La ira, a menudo, se presenta como un exceso de furia, la alegría toma forma de histeria y el desencanto se convierte en autocompasión. La tristeza puede manifestarse como alegría forzada, travesura infantil, melancolía exagerada o risa nerviosa.
- *Falta de voluntad y perseverancia.* Se postergan las cosas hasta que se está absolutamente obligado a hacerlas. «No sé», «No es mi problema» y «No me importa» se convierten en el escudo contra las críticas.
- *Falta de dirección.* Esto ocurre debido a desear cumplir objetivos contradictorios y mal definidos, principalmente por posponer la tarea de pensar en ellos.
- *Impotencia social.* Dificultad para hacer verdaderos amigos.
- *Impulsividad.* Los impulsos tienen prioridad sobre un auténtico sentido de lo correcto y lo incorrecto.
- *Pensamiento mágico.* La magia mental les impide admitir sinceramente sus equivocaciones y les resulta imposible decir «lo siento» o pedir perdón. «Si no pienso en ello, desaparecerá». «Si pienso que será diferente, lo será».

Pero la vida corre y no podemos detener el tiempo: podemos aprovecharlo para aprender de lo que vamos viviendo o podemos vivir como si el tiempo no pasara. Elegir lo primero permite madurar y convertirnos en personas autorrealizadas, pero detener el proceso puede ser el camino hacia la neurosis y al arraigamiento de la inmadurez.

¿Cómo impulsar el proceso de maduración? La evolución personal se impulsa por medio del desarrollo de los atributos personales en la edad adulta y esto es justo lo que hemos estado trabajando al hablar de reconocer nuestros sentimientos, entender nuestro pasado, cuestionar nuestras creencias, reflexionar nuestras decisiones, accionar nuestra voluntad y modular nuestras reacciones.

El cambio es un proceso, no un evento, y, por tanto, la conquista de la madurez emocional se activa a través de la voluntad: requiere inevitablemente de ese esfuerzo necesario para llevarlo a cabo. Practicar paso a paso este libro te ayudará a convertirte en maestro de ti mismo y generará en ti la satisfacción interior de saberte constructor activo de tu destino y de tu bienestar.

La vida es la mejor maestra para crecer. A lo largo de ella –queramos o no– tenemos que tomar decisiones cruciales: casarnos, dejar un empleo, cambiar de residencia, tener hijos, interrumpir un embarazo, negarnos a una oferta laboral, separarnos, continuar una amistad, vender alguna propiedad o terminar con alguna amistad: todas son decisiones importantes que pueden cambiar el rumbo de nuestra vida. A veces las cosas ocurren como lo esperábamos, pero a veces no. Tanto en el éxito como en el fracaso podemos aprender una lección de vida y, de la asimilación de lo vivido, saldremos fortalecidos y con mayor madurez.

El conocimiento y manejo del mundo emocional nos abre grandes posibilidades para resolver errores del pasado y afrontar problemas del futuro. Pasar del daño a la curación, del dolor al bienestar, de la fantasía y la defensa a la realidad y la aceptación, es el reto y la oportunidad que tienes en tus manos tras haber terminado este libro.

CONCLUSIÓN

Sé consciente de que en este momento estás creando. Estás creando tu próximo momento basado en lo que sientes y piensas.
Eso es lo que es real.

DOC CHILDRE

En una sociedad que favorece el confort, promueve el placer y promete la felicidad, existen millones de personas que están insatisfechas con su vida, con su trabajo, con su propia persona y con sus relaciones. Si hemos nacido para ser felices, ¿se trata de esperar? Y si tarda demasiado, ¿tenemos que reclamarla? Día a día se nos hace creer que la felicidad llegará en forma de fortuna que iremos acumulando en la pareja, en los hijos o en lo bellos y jóvenes que nos conservemos. Sin duda, parte de la satisfacción personal tiene que ver con todo esto; sin embargo, ¿tenerlo basta y sobra para ser felices?

Si me diera a la tarea de preguntarle a un grupo de personas lo que es la felicidad, tengo la certeza de que encontraría tantas respuestas como personas encuestadas. Lo que sí es claro y universal es que podemos vivir profundamente infelices.

Así, los ciudadanos del siglo XXI nos damos a la tarea de buscar, encontrar y disfrutar la felicidad a cualquier costo.

Y, ojo, aquí empiezan los problemas: correr frenéticamente para conseguir «un ideal» es estresante en sí mismo, implica un alto nivel de desgaste y genera tensión innecesaria. Una carrera de este tipo hace que la búsqueda de la felicidad se llene de autoexigencia y, por tanto, de frustración personal. Si a esto le agregamos que la consecución de la felicidad tiende a basarse en criterios externos impuestos por los discursos dominantes en la sociedad –tener prestigio, dinero, pareja–, la carrera de la felicidad, lejos de finalizar en su meta, termina en el desencanto personal.

La verdadera felicidad se plasma en lo cotidiano, en nuestros actos de cada día, en nuestro paso por el mundo real, en nuestra conquista emocional y en la alineación de lo que deseamos con lo que somos. Como hemos dicho a lo largo de este libro, la conciencia de nuestro deseo, la comprensión de nuestros valores y el uso de nuestro mundo emocional nos facilitan entendernos, expresarnos, vincularnos y generar satisfacción suficiente. La felicidad es una construcción personal y una elección vital que se juega en cada una de nuestras decisiones.

En estas páginas vimos cómo el engranaje físico y psíquico tiene la capacidad de experimentar diversas emociones, y entre estas emociones primarias se encuentra también la alegría: esa experiencia de disfrute, de gratificación, de deleite y de dicha. Esta emoción puede ser en un principio una experiencia corta y de cierta intensidad, pero si tal experiencia es posible, ¿cómo lograr prolongarla?, ¿cómo extenderla en forma de sentimiento, quizá menos intenso, pero más o menos sostenido?, ¿cómo podemos mantener un bienestar suficiente (o sostenido) como resultado de la suma de diversas experiencias gratificantes?

Primero, comprendiendo y manejando las emociones que nos generan negatividad, no negándolas ni reprimiéndolas, sino reconociéndolas, dejándolas fluir y actuando con la valiosa información que nos dan. Luego, tenemos que reconocer que quizá la clave de la felicidad no está en buscarla frenéticamente, sino en la palabra «suficiente»: parece que lo primero que frustra la experiencia de «ser feliz» es soñar con una felicidad total y absoluta. Podemos, entonces, pensar en la felicidad como una experiencia posible en vez de «idealizarla», queriéndola asir permanentemente a través de cosas muy concretas, de situaciones muy planeadas y con personas muy esperadas. Por tanto, ser feliz no significa erradicar dolores emocionales ni malestares afectivos, sino atravesarlos, al mismo tiempo que comprendemos que la felicidad es una condición interna (no externa) que genera cierto bienestar, suficiente satisfacción y, en ocasiones, sentimientos de alegría. Así como el amor total no existe, la felicidad total y perfecta, como meta final de la vida tampoco existe. Esa concepción de felicidad es un «ideal» no solo inalcanzable, sino infantil.

Si bien parte de la felicidad tiene que ver con la genética –así como la inteligencia o el colesterol, o como la tendencia a la delgadez o a la robustez; algunas personas tienen mayor disposición genética para experimentar bienestar que otras– y, en menor medida, con las circunstancias de la vida –ser ricos o pobres, sanos o enfermos, hermosos o poco agraciados, casados o solteros–, un porcentaje importante tiene que ver con las acciones deliberadas, con la forma de pensar y reaccionar, y con nuestras decisiones. Entonces este porcentaje es el que, desde el conocimiento personal y nuestra responsabilidad, hace factible la consecución deliberada de la felicidad.

He insistido a lo largo de estos capítulos en que cada persona es distinta y, por eso, cada una experimenta un tipo de bienestar subjetivo relacionado con la realización de actividades concretas basadas en sus necesidades, deseos, intereses y valores particulares. La inteligencia emocional nos permitirá reconocer estos motivos internos que nos mueven a elegir actividades que nos generan bienestar. Hay quienes gozan practicando la gratitud y cultivando el optimismo; otros, invirtiendo en sus relaciones sociales; algunos, manejando el estrés y las pérdidas en el día a día, y otros más, mediante actividades que incluyen el cuerpo y el alma, como la meditación y la actividad física. El común denominador de todas estas personas es la sensación de que su vida es buena, tiene sentido y vale la pena.

La felicidad, vista desde esta perspectiva, es una construcción personal y una elección vital; requiere autoconocimiento y responsabilidad. Se plasma en lo cotidiano más que en un futuro idealizado. ¿Cómo se construye? Con nuestros actos cotidianos que van haciendo un tejido de pequeños momentos satisfactorios que generan bienestar y realización personal. No cabe duda de que todo el trabajo realizado en este libro se encamina a que nuestros sentimientos y emociones sean un vehículo para nuestro conocimiento y también para la consecución de los deseos posibles.

Pongamos la piedra fundamental de una tarea ineludible, la de hacernos cargo de nuestra vida, y, en ese camino, no corramos para alcanzar la felicidad como meta, sino la felicidad real de un mundo real.

¡Buen trayecto!

NOTA AL LECTOR

Si elegiste este libro, seguramente es porque quieres entender tu mundo afectivo, desarrollar tu inteligencia emocional y transformar la calidad de tu vida interior, así como la de tus relaciones.

Confío en que el contenido de este libro te haya sido útil para lograr alguno de estos objetivos.

- Comprender cómo funciona la emocionalidad humana y por qué sentimos lo que sentimos.
- Identificar sentimientos clave en tu vida cotidiana y sus raíces emocionales.
- Distinguir las creencias erróneas que sabotean tu bienestar afectivo.
- Reconocer los bloqueos emocionales que impiden tu madurez emocional.

- Aprender habilidades intrapersonales e interpersonales para desarrollar tu inteligencia emocional.
- Fortalecer tu capacidad para vivir con autenticidad, empatía y claridad emocional.

¡Un fuerte abrazo!

Si este texto te es de utilidad, consulta más contenidos en:

www.terediaz.com
Facebook: Tere Díaz Psicoterapeuta
Instagram: @terediazsendra
X: @tedisen
TikTok: _terediaz

O consulta Psicoterapia La Montaña

Facebook: Psicoterapia La Montaña
Instagram: @lamontana.mx
WhatsApp para agendar terapia: +52 5539206004
contacto@terediaz.com

REFERENCIAS BIBLIOGRÁFICAS

Andolfi, M. (2001). *Terapia familiar. Un enfoque interaccional.* Buenos Aires: Paidós.

Castilla del Pino, C. (2000). *Teoría de los sentimientos.* Barcelona: Tusquets.

________. (2009). Conductas y actitudes. Barcelona: Tusquets.

González de Valencia, M., y M. Andolfi (2003). *Manual de psicología relacional. La dimensión familiar.* Bogotá: Corporación Andolfi y González.

Gottman, J., y J. Declaire (1998). *Raising an Emotionally Intelligent Child.* The Heart of Parenting. Australia: Simon & Schuster.

Levy, N. (2010). *La sabiduría de las emociones.* Barcelona: Debolsillo.

Viscott, D. (1998). *El lenguaje de los sentimientos.* Barcelona: Emecé.